모여라 원소 시티로!

과학이 쏙쏙 화학이 술술

미야무라 가즈오 감수 · 호리타 미와 그림 · 오승민 옮김

담푸스

들어가며

이 책은 2015년 12월 국제 순수 응용 화학 연합(IUPAC)에서 113번 원소로 인정받은 '니호늄(원소기호 Nh)'을 포함한 118개의 원소들을 '원소 시티'의 주민으로 비유하여 각 패밀리의 멤버들을 함께 소개한 책입니다. 하나하나 개성이 있는 원소들은 비슷한 성질을 지니고 패밀리를 이루고 있습니다. 그 원소가 어떤 패밀리에 속하는지를 알면 그 성질을 대략적으로 알 수 있습니다. 책에서는 원소 시티의 대표라 할 수 있는 1번 원소인 수소 시장님이 각 패밀리와 그 원소들을 소개합니다. 자, 지금부터 원소 시티로 출발해 볼까요?

도쿄 이과대학 이학부 화학과 교수
미야무라 가즈오

책을 읽는 방법

책에서는 다양한 원소들이 '원소 시티'에 살고 있는 캐릭터로 등장합니다. 책을 읽다 보면 통통 튀는 성격을 가진 원소들의 성질과 주로 쓰이는 용도 등을 배울 수 있어요. 다음은 각 페이지에 어떤 내용이 담겨 있는지에 대한 설명입니다.

원자번호
원자핵 안에 있는 양성자 수를 나타내는 번호

원소기호
전 세계에서 공통으로 쓰는 원소를 나타내는 기호

원소 이름
우리나라에서 사용되는 원소의 이름

이런 성질이 있어!
원소의 성질과 존재하는 장소 등을 설명

이런 곳에서 일해!
원소가 어떻게 쓰이고 있는지를 설명

이런 화합물을 만들어 내!
다른 원소와 결합하여 만들어 내는 주요 화합물을 소개

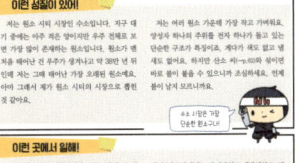

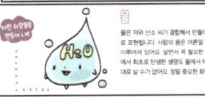

기본 데이터
- 상온에서 상태 : 상온(25℃)에서의 원소 상태
- 원자량 : 원자의 질량. 수소 원자 질량의 몇 배인가로 나타냄
- 밀도 : 1㎤ 당 질량
- 녹는점 : 고체에서 액체가 될 때의 온도
- 끓는점 : 액체에서 기체가 될 때의 온도
- 발견 : 원소가 발견되었을 것으로 추정되는 연도

난 이런 원소야!
원소의 성질과 쓰이는 방법에 대한 설명

원소 토막 지식
원소에 대한 재미있는 정보를 소개

차례

들어가며 …………………………… 2
책을 읽는 방법 ……………………… 3
원소란 무엇인가? …………………… 6
니호늄, 원소 시티를 가다! ………… 8
여기는 원소 시티! 가이드맵 ……… 10

수소 시장 …………………………… 12

▶ **알칼리 금속** 패밀리 ……………… 14
  리튬 씨 …………………………… 16
  소듐 씨 …………………………… 18
  포타슘 씨 ………………………… 19
  루비듐 씨 ………………………… 20
  세슘 씨 …………………………… 21
  프랑슘 씨 ………………………… 21

▶ **알칼리 토금속** 패밀리와 두 원소 … 22
  칼슘 씨 …………………………… 24
  스트론튬 씨 ……………………… 26
  바륨 씨 …………………………… 27
  라듐 씨 …………………………… 27

베릴륨 씨 …………………………… 28
마그네슘 씨 ………………………… 29

▶ **아연** 패밀리 ……………………… 30
  아연 씨 …………………………… 32
  카드뮴 씨 ………………………… 34
  수은 씨 …………………………… 35

▶ **붕소** 패밀리 ……………………… 36
  붕소 씨 …………………………… 38
  알루미늄 씨 ……………………… 40
  갈륨 씨 …………………………… 41
  인듐 씨 …………………………… 42
  탈륨 씨 …………………………… 43

▶ **탄소** 패밀리 ……………………… 44
  탄소 씨 …………………………… 46
  규소 씨 …………………………… 48
  저마늄 씨 ………………………… 49
  주석 씨 …………………………… 50
  납 씨 ……………………………… 51

▶ 질소 패밀리 ········· 52
- 질소 씨 ········· 54
- 인 씨 ········· 56
- 비소 씨 ········· 57
- 안티모니 씨 ········· 58
- 비스무트 씨 ········· 59

▶ 산소 패밀리 ········· 60
- 산소 씨 ········· 62
- 황 씨 ········· 64
- 셀레늄 씨 ········· 65
- 텔루륨 씨 ········· 66
- 폴로늄 씨 ········· 67

▶ 할로겐 패밀리 ········· 68
- 플루오린 씨 ········· 70
- 염소 씨 ········· 72
- 브로민 씨 ········· 73
- 아이오딘 씨 ········· 74
- 아스타틴 씨 ········· 75

▶ 비활성기체 패밀리 ········· 76
- 헬륨 씨 ········· 78
- 네온 씨 ········· 80
- 아르곤 씨 ········· 82
- 크립톤 씨 ········· 83
- 제논 씨 ········· 84
- 라돈 씨 ········· 85

▶ 전이금속 패밀리 ········· 86
- 금 씨 ········· 88
- 은 씨 ········· 89
- 구리 씨 ········· 89

▶ 란타노이드 패밀리 ········· 90

▶ 악티노이드 패밀리 ········· 92

▶ 니호늄 패밀리 ········· 94

원소란 무엇인가?

안녕하세요. 저는 원소 시티 시장인 '수소'입니다.
저와 시민들에 대한 소개는 나중에 하기로 하고, 여기서는 원소 시티를 방문하기 전에 '꼭 알아야 할 것들'에 대해 설명할게요.

 ## 물질을 구성하는 원자

우리 주변에 있는 물건들을 천천히 둘러보세요. 책상, 의자, 연필, 지우개 등 많은 물건이 눈에 보일 거예요. 이들은 모두 작은 알갱이들이 모여서 만들어졌어요. 이 알갱이를 바로 '원자'라고 불러요. 우리 주변의 물건뿐만이 아니에요. 동물의 몸, 태양이나 달도 마찬가지죠. 그러니까 우주에 있는 만물들은 모두 원자로 이루어져 있답니다.

원자란 물질을 구성하는 알맹이로, 여러 가지 종류가 있어요. 그리고 그 원자의 종류를 나타내는 말이 바로 '원소'에요.
자연계에는 원래 수소와 산소 등 약 90종류의 원소가 있는데 그 성격이 모두 달라요. 사람이 만들어 낸 원소까지 합하면 지금은 모두 118종류의 원소가 있답니다.

 ### 물을 구성하는 원자

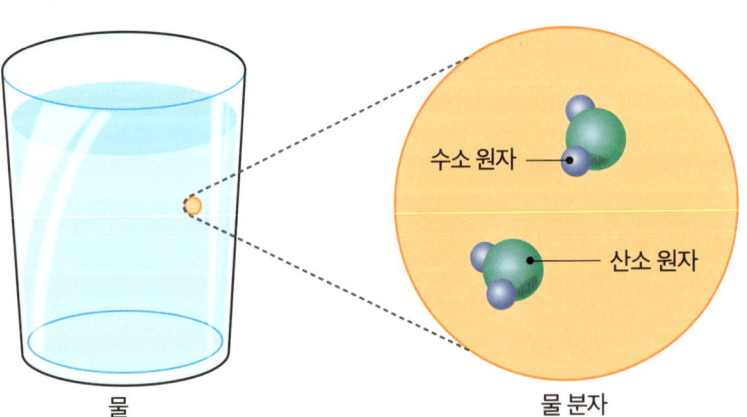

물은 산소와 수소가 결합해서 만들어진 물질이에요. 산소 원자 1개와 수소 원자 2개가 결합해서 물 분자를 만들지요. '분자'란 물질의 성질을 지닌 가장 작은 단위로, 분자가 되어야 물의 성질을 나타낼 수 있어요.

원자를 구성하는 양성자·중성자·전자

좀 더 자세히 원자를 살펴볼까요? 원자의 중심에는 커다란 알갱이가 있는데 그 주위를 작은 알갱이들이 돌고 있어요. 커다란 알갱이는 '원자핵', 작은 알갱이는 '전자'예요. 원자핵을 자세히 보면 '양성자'와 '중성자'라는 두 종류의 알갱이가 모여서 이루어져 있어요. 원소마다 차이가 나는 이유는 양성자의 개수가 다르기 때문이에요. 양성자는 +(플러스), 전자는 -(마이너스)의 전하를 띠고 있어요. 그런데 원자 안의 양성자와 전자의 개수는 같으므로 원자 전체로는 전하를 띠지 않는답니다.

전자는 원자핵 주위의 '전자껍질'이라는 길 위를 돌고 있어요. 전자껍질은 몇 가지가 있는데 각 전자껍질에 들어갈 수 있는 전자의 개수는 정해져 있답니다.

원자의 구조 (소듐 원자)

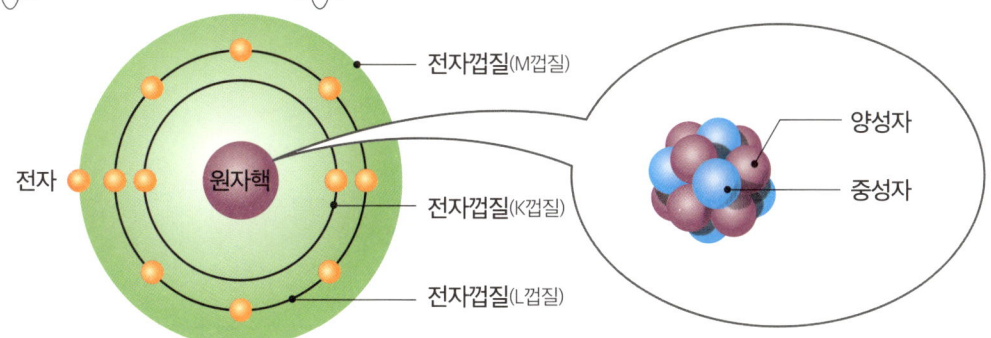

전하를 띤 이온

가장 바깥쪽의 전자껍질을 돌고 있는 전자가 어디론가 사라지거나, 반대로 다른 곳에서 가장 바깥쪽 전자껍질로 전자가 들어오는 원소도 있어요. 전자는 - 전하를 띠므로 전자가 줄면 원자는 + 전하, 전자가 늘면 원자는 - 전하를 띠게 됩니다. 이처럼 전하를 띤 상태를 '이온'이라고 해요.

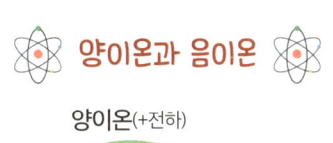
양이온과 음이온

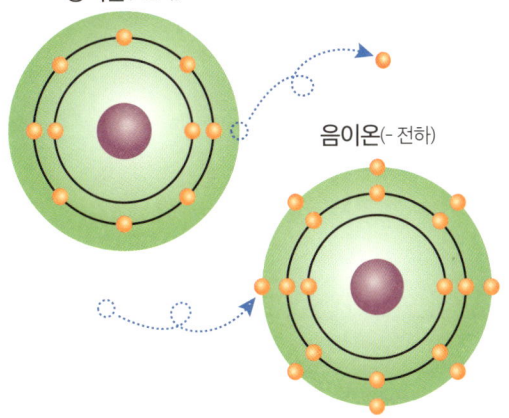

해설 1869년 러시아 화학자인 멘델레예프는 원소를 원자량 순서로 배열한 주기율표를 발표했습니다. 이 주기율표에는 현재의 주기율표와는 달리 빈칸이 있는데 이는 아직 발견되지 않은 원소가 있음을 예측한 것입니다. 그 후 아직 발견되지 않았던 원소들이 잇따라 발견되었고 20세기 이후에는 인공원소가 만들어지기 시작했습니다. 2004년 일본의 이화학연구소 연구팀은 83번 원소인 비스무트에 30번 원소인 아연을 여러 차례 충돌시켜서

113번 원소를 만들어 내는 데 성공했고 2015년 12월 화학 분야의 국제학회(IUPAC)에서 113번 원소를 정식적으로 인정함에 따라 2016년 113번 원소 이름을 '니호늄(원소기호 Nh)'이라고 지어 붙이게 되었습니다.

H 수소 시장

우주 최초로 탄생한 원소!

나이는 많아도 아직 쌩쌩해요!

기본 데이터

- 상온에서 상태 : 기체
- 원자량 : 1.00794
- 밀도 : 0.00008987g/㎤
- 녹는점 : -259.14℃
- 끓는점 : -252.87℃
- 발견 : 1766년

이런 성질이 있어!

저는 원소 시티 시장인 수소입니다. 지구 대기 중에는 아주 적은 양이지만 우주 전체로 보면 가장 많이 존재하는 원소입니다. 원소가 맨 처음 태어난 건 우주가 생겨나고 약 38만 년 뒤인데 저는 그때 태어난 가장 오래된 원소예요. 아마 그래서 제가 원소 시티의 시장으로 뽑힌 것 같아요.

저는 여러 원소 가운데 가장 작고 가벼워요. 양성자 하나의 주위를 전자 하나가 돌고 있는 단순한 구조가 특징이죠. 게다가 색도 없고 냄새도 없어요. 하지만 산소 씨(→p.62)와 섞이면 바로 불이 붙을 수 있으니까 조심하세요. 언제 불이 날지 모르니까요.

> 수소 시장은 가장 단순한 원소구나!

이런 곳에서 일해!

저는 에너지가 넘친답니다. 하늘 위에 떠 있는 저 뜨거운 태양의 연료도 바로 저예요. 그래서 에너지 원료로 자주 사용되고 있죠. 산소 씨와 일정 비율로 반응시키면 대폭발을 일으키는데 '액체연료로켓'이라 불리는 로켓은 이 반응을 이용해서 우주로 날아갑니다. 산소 씨와 천천히 반응시키면 전기를 만들어 낼 수도 있어요. 그래서 '연료전지'라는 발전장치도 개발되었죠. 발전시킨 후에는 물만 생기기 때문에 깨끗한 에너지원으로 주목 받고 있어요.

그밖에도 생물의 유전정보를 전달하는 DNA는 나선형의 두 사슬이 느슨하게 결합되어 있는데 이 결합에도 제가 관여하고 있어요.

이런 화합물을 만들어 내!

물

물은 저와 산소 씨가 결합해서 만들어 내는 화합물이에요. H_2O라는 분자식으로 표현됩니다. 사람의 몸은 어른일 때 약 60%, 어린이일 때 약 70%가 물로 이루어져 있어요. 살면서 꼭 필요한 여러 반응이 물 안에서 일어납니다. 지구에서 최초로 탄생한 생명도 물에서 태어났다고 해요. 물이 없으면 생명체는 절대로 살 수가 없어요. 정말 중요한 화합물이랍니다.

알칼리 금속 패밀리

소듐 씨 ⑪
리튬 씨 ③
포타슘 씨 ⑲

　알칼리 금속 패밀리는 가벼운 순서대로 리튬 씨, 소듐 씨, 포타슘 씨, 루비듐 씨, 세슘 씨, 프랑슘 씨 이렇게 6명입니다.
　알칼리 금속 패밀리의 원소들은 모두 물이나 산소와 잘 반응해요. 공기 중에 놔두기만 해도 저절로 반응을 일으킬 정도예요. 가장 바깥쪽 전자껍질에는 전자가 한 개밖에 없어요. 전자가 하나밖에 없다는 게 아무래도 불안정해서인지 어떻게든 그 전자를 밖으로 내보내려고 해요. 정말 성격이 급한 패밀리랍니다. 그래서 화학반응이 쉽게 일어나는 것이죠. 화학반응은 원자번호가 클수록 잘 일어나요. 반응이 일어나지 않도록 보관하려면 석유 속에 넣어야 합니다. 아무래도 기름 범벅이 되는 건 싫겠지만 안 그

러면 금방 이성을 잃으니까 어쩔 수 없어요.

'금속'이라고 하면 굉장히 딱딱할 것 같지요? 하지만 알칼리 금속 패밀리 원소들은 칼로 깎을 수 있을 정도로 부드럽답니다. 불꽃 속에 넣으면 아름다운 색깔을 나타내는 것도 이 패밀리의 특징입니다.

그밖에도 알칼리 금속 패밀리는 가볍다는 공통된 성질을 가지고 있습니다.

3 Li 리튬 씨

**알칼리 금속 패밀리
전지 재료로 인기 짱!**

스마트폰을 작동시키는 게 바로 나야!

기본 데이터

- ◆ 상온에서 상태 : 고체
- ◆ 원자량 : 6.941
- ◆ 밀도 : 0.534g/㎤
- ◆ 녹는점 : 180.54℃
- ◆ 끓는점 : 1350℃
- ◆ 발견 : 1817년

이런 성질이 있어!

리튬 씨는 알칼리 금속 패밀리에서뿐만 아니라 여러 금속 원소 중에서도 가장 가벼운 원소예요. 금속인데도 물에 뜰 정도니까요. 단, 물에 넣으면 저(수소)를 발생시키면서 녹아 버리기 때문에 아마 리튬 씨는 물에 별로 들어가고 싶지 않을 겁니다.

리튬 씨는 칼로 썰 수 있을 만큼 부드러워요. 그리고 겉불꽃 속에 넣으면 짙은 다홍빛을 냅니다. 최근에 다양한 분야에서 쓰이고 있지만 얻는 양이 그렇게 많지는 않아요. 하지만 바다에 많이 있어서 바닷물에서 추출하는 방법들이 연구되고 있어요.

물에 뜰 만큼 가벼운 금속이구나.

이런 곳에서 일해!

리튬 씨는 우리 주변에서 크게 활약하고 있어요. 휴대용 게임기나 스마트폰 등에서 사용되는 리튬 이온 전지의 원료로 쓰이고 있습니다. 리튬 이온 전지는 적은 용량으로도 많은 전기를 효율적으로 만들어 낼 수 있어요.

리튬 씨를 원료로 만들어 내는 화합물인 탄산리튬은 '조울증'과 같은 질병의 치료약으로 쓰이고 있어요. 이산화탄소를 흡수하는 성질이 있는 수산화리튬은 국제우주정거장에서 이산화탄소를 제거하는 보조 장치로도 쓰이고 있습니다.

다른 금속에 리튬 씨를 조금 섞어서 합금을 만들기도 해요. 예를 들어 마그네슘 씨(→p.29)와 리튬 씨를 섞은 마그네슘 리튬 합금은 견고하면서도 가볍답니다.

원소 토막 지식

불꽃반응과 불꽃놀이

리튬 씨를 겉불꽃에 넣으면 짙은 다홍빛으로 빛납니다. 이처럼 원소를 겉불꽃에 넣었을 때 원소 특유의 색으로 빛나는 것을 '불꽃반응'이라고 해요. 알칼리 금속 패밀리와 알칼리 토금속 패밀리 외에 구리 씨(→p.89)에게서도 일어나요. 소듐 씨(→p.18)는 노란색, 포타슘 씨(→p.19)는 보라색, 칼슘 씨(→p.24)는 주황색, 스트론튬 씨(→p.26)는 빨간색, 바륨 씨(→p.27)는 녹색, 구리 씨는 청록색의 불꽃반응이 나타나요. 불꽃놀이의 아름다운 색은 이 반응을 이용한 것이에요.

11 Na 소듐(나트륨) 씨

소금이 되는 원소야!

기본 데이터

- ◆ 상온에서 상태 : 고체
- ◆ 원자량 : 22.98977
- ◆ 밀도 : 0.971g/㎤
- ◆ 녹는점 : 97.81℃
- ◆ 끓는점 : 882.9℃
- ◆ 발견 : 1807년

> 난 부엌의 필수품이야!

난 이런 원소야!

소듐 씨도 가벼운 금속이라서 물에 떠요. 하지만 물에 넣으면 폭발하니까 조심해야 해요. 불 속에 넣으면 노란빛을 냅니다. 지구 표면인 지각과 바다에는 화합물이 된 소듐 씨가 많이 있어요.

소듐 씨의 화합물 중에서 가장 유명한 건 염소 씨(→p.72)와 결합해 만들어지는 소금입니다. 그밖에 베이킹소다와 비누 등에도 들어 있어요. 베이킹소다는 쿠키를 만들 때 쓰입니다. 요리나 집안일 등에서 활약하는 원소이죠.

사람의 몸 안에 많이 들어 있는 소듐 씨는 인체의 수분 조절과 근육의 수축 같은 중요한 작용을 해요.

19 K 포타슘 씨

알칼리 금속 패밀리

비료의 3요소 중 하나!

난 식물 키우는 걸 좋아해.

기본 데이터
- 상온에서 상태 : 고체
- 원자량 : 39.0983
- 밀도 : 0.862g/㎤
- 녹는점 : 63.65℃
- 끓는점 : 774℃
- 발견 : 1807년

난 이런 원소야!

포타슘 씨는 공기 중에 그냥 놔두기만 해도 저절로 불이 붙을 만큼 반응이 쉽게 일어나는 성질을 가지고 있어요. 불에 넣으면 보라색으로 빛나요. 화합물은 화약으로 쓰는데 불꽃놀이에서 많이 쓰인답니다.

포타슘 씨의 특기는 식물 키우기예요. 식물 성장에 꼭 필요한 원소거든요. 질소 씨(→p.54), 인 씨(→p.56)와 함께 비료의 3요소 중 하나랍니다. 원소 시티의 농사꾼이라 할 수 있어요.

그리고 소듐 씨와 함께 몸속의 수분을 조절하고 신경세포의 신호를 전달하는 등 인체에서도 매우 중요한 역할을 담당하고 있어요.

37 Rb 루비듐 씨

연대 측정에 쓰이고 있어!

> 난 암석이 만들어진 시대를 알아내.

기본 데이터
- ◆ 상온에서 상태 : 고체
- ◆ 원자량 : 85.4678
- ◆ 밀도 : 1.532g/㎤
- ◆ 녹는점 : 38.89℃
- ◆ 끓는점 : 688℃
- ◆ 발견 : 1861년

난 이런 원소야!

패밀리의 다른 식구들과 마찬가지로 루비듐 씨도 부드럽고 가벼운 금속이에요. 하지만 물에 뜨지는 않아요.

루비듐 씨는 원자시계에 쓰입니다. 원자시계는 원자에 전자파를 쏘일 때 일어나는 규칙적인 변화를 이용하여 만듭니다. 1년에 0.1초의 오차 밖에 생기지 않을 만큼 매우 정확한 시계지요.

루비듐 씨를 이용한 원자시계는 비교적 저렴해서 GPS 수신기 등에 쓰이고 있답니다.

루비듐 씨 중에는 방사능을 가진 친구도 있어서 그 성질을 이용하면 먼 옛날 암석이 언제 만들어졌는지를 알아낼 수 있어요. 마치 고고학자 같은 원소입니다.

55 Cs 세슘 씨

알칼리 금속 패밀리

내가 바로 '1초'의 정의!

기본 데이터
- ◆ 상온에서 상태 : 고체
- ◆ 원자량 : 132.9054
- ◆ 밀도 : 1.873g/㎤
- ◆ 녹는점 : 28.4℃
- ◆ 끓는점 : 678.4℃
- ◆ 발견 : 1860년

난 이런 원소야!

세슘 씨는 알칼리 금속 패밀리 중에서 가장 화학반응을 잘 일으켜요. 물에 넣으면 대폭발하고 공기 중에 놔두면 저절로 불이 붙거든요.

세슘 씨를 이용한 원자시계는 매우 정확해서 30만 년에 1초의 오차밖에 생기지 않아요. 세슘 씨가 일으키는 규칙적인 변화가 바로 '1초'의 정의랍니다.

87 Fr 프랑슘 씨

자연에서 가장 마지막으로 발견된 원소야!

기본 데이터
- ◆ 상온에서 상태 : 고체
- ◆ 원자량 : 223
- ◆ 밀도 : 1.87g/㎤
- ◆ 녹는점 : 27℃
- ◆ 끓는점 : 680℃
- ◆ 발견 : 1939년

난 이런 원소야!

프랑슘 씨는 양이 매우 적어서 지구 전체에 그 양이 15g 정도밖에 되지 않는다고 해요. 게다가 방사선을 방출하면서 바로 라돈 씨(→p.85)로 변신하기 때문에 그 성질에 대해서도 알려진 게 별로 없답니다. 발견한 사람이 프랑스 사람이라 이름이 프랑슘이래요.

알칼리 토금속 패밀리와 두 원소

알칼리 토금속 패밀리는 모두 가장 바깥쪽 전자껍질에 2개의 전자가 들어 있는데 이 2개의 전자를 방출해서 양이온이 되고 싶어 한답니다. 하지만 가장 바깥쪽 전자가 1개인 알칼리 금속 패밀리에 비하면 전자가 2개라서 방출하기가 조금 어려워요. 그래서 알칼리 금속 패밀리만큼 성질이 급하지는 않지만 화가 나면 이 패밀리도 만만치는 않아요. 물이나 공기와도 반응할 만큼 반응성이 큰 원소들이거든요.

멤버는 가벼운 순서대로 칼슘 씨, 스트론튬 씨, 바륨 씨, 라듐 씨 이렇게 4명입니다. 4명 모두 겉불꽃에 넣으면 불꽃반응을 일으키는 점도 알칼리 금속 패밀리와 닮았어요.

하지만 알칼리 금속 패밀리보다 끓는점이나 녹는점은 훨씬 높아요. 예를 들어 칼슘 씨와 포타슘 씨를

마그네슘 씨 ⑫
라듐 씨 ⑧⑧
베릴륨 씨 ④

비교해 보면 끓는점은 포타슘 씨가 774℃이고 칼슘 씨가 1480℃, 녹는점은 포타슘 씨가 63.65℃이고 칼슘 씨가 839℃에요.

여기서 소개하는 베릴륨 씨와 마그네슘 씨도 가장 바깥쪽 전자껍질에 전자가 2개 들어 있어요. 하지만 알칼리 토금속 패밀리는 아닙니다. 패밀리 멤버들과는 달리 이 둘은 상온에서 물과 반응하지 않는 등 성질이 다르거든요.

20 Ca 칼슘 씨

뼈와 치아의 주성분!

내가 부족해지면 뼈가 약해져.

기본 데이터

- 상온에서 상태 : 고체
- 원자량 : 40.08
- 밀도 : 1.55g/㎤
- 녹는점 : 839℃
- 끓는점 : 1480℃
- 발견 : 1808년

이런 성질이 있어!

칼슘 씨는 뼈와 치아의 주성분으로 유명해요. 지각에 있는 금속 중에서는 알루미늄 씨(→p.40)와 철 씨(전이금속 패밀리) 다음으로 많이 존재하지요. 석회암이라는 암석 안에 화합물의 형태로 많이 함유되어 있어요.

불에 넣으면 주황색으로 빛나고 물에 넣으면 저(수소)를 발생시키면서 녹아 버려요. 공기 중에 놔두면 산소 씨와 반응하기 때문에 화합물도 매우 다양합니다.

사람 몸에 많이 들어 있어서 어른의 경우 그 무게가 1kg 정도 될 거예요. 부족해지면 '골다공증'이라는 병에 걸릴 수 있어요.

사람 몸에 꼭 필요한 원소구나.

이런 곳에서 일해!

몸 안에서 활약하는 칼슘 씨는 뼈와 치아에서 인산칼슘과 같은 화합물 형태로 작용해요. 혈액 중에도 존재하는데 혈액 속의 칼슘 씨가 부족해지면 뼈에서 칼슘이 용출되어 혈액 속의 모자란 칼슘 씨를 보충해요. 하지만 그러면 자칫 뼛속 칼슘은 부족해질 수 있으므로 조심해야 합니다.

수영장 소독에 쓰이는 표백분은 염소 씨, 산소 씨와 결합해서 만들어진 화합물이에요. 소석회라 불리는 수산화칼슘은 목장 등에서 소독약으로 쓰이기도 해요. 조류 독감이 유행했을 때 닭장에 뿌리던 하얀 가루가 소석회예요.

조개껍데기와 산호초의 주성분은 탄산칼슘이라는 화합물이에요. 석회암은 이러한 생물들의 껍데기가 쌓여서 만들어진 것이에요.

이런 화합물을 만들어 내!

탄산칼슘

탄산칼슘은 칼슘 씨와 탄소 씨(→p.46), 산소 씨의 화합물이에요. 탄산칼슘으로 만들어진 석회암 땅이 이산화탄소가 들어 있는 빗물이나 지하수에 녹으면서 석회동굴이 만들어지기도 해요. 동굴 천장에서 물이 뚝뚝 떨어질 때 물방울에 들어있는 탄산칼슘이 고드름이나 죽순처럼 생긴 석회석을 만들어 내지요.

38 Sr 스트론튬 씨

선명한 빨간색 불꽃을 낸다!

불꽃놀이 대회의 주인공은 나야!

기본 데이터

- ◆ 상온에서 상태 : 고체
- ◆ 원자량 : 87.62
- ◆ 밀도 : 2.54g/㎤
- ◆ 녹는점 : 769℃
- ◆ 끓는점 : 1380℃
- ◆ 발견 : 1808년

난 이런 원소야!

부드러운 금속인 스트론튬 씨는 불에 넣으면 빨간색 불꽃을 내요. 그래서 불꽃놀이나 발연통 등에 많이 쓰이고 있어요. 선명한 빨간색이라서 특히 불꽃놀이에서 큰 역할을 해요.

같은 패밀리인 칼슘 씨와 성질이 많이 닮았기 때문에 사람 몸 안에서는 뼈에 붙기도 해요. 보통은 크게 해롭지는 않지만 방사능을 가진 스트론튬 씨가 붙으면 주변의 뼈를 손상시키기도 해요. 자칫 위험할 수 있지만 이 성질로 암세포를 파괴하여 뼈에 생긴 암을 치료하는 데 쓰기도 하지요.

자연에는 천청석이라는 하늘색 결정을 만드는 광물에 들어 있어요.

56 Ba 바륨 씨

알칼리 토금속 패밀리와 두 원소

건강검진에서 대활약!

기본 데이터
- ◆ 상온에서 상태 : 고체
- ◆ 원자량 : 137.327
- ◆ 밀도 : 3.5g/㎤
- ◆ 녹는점 : 725℃
- ◆ 끓는점 : 1640℃
- ◆ 발견 : 1808년

난 이런 원소야!

불에 넣으면 녹색 불꽃을 내는 바륨 씨는 건강검진에서 활약하고 있어요. 조영검사를 할 때 먹는 하얀 액체는 황산바륨이라는 화합물로 X선을 잘 통과시키지 않으므로 위장 내부가 하얗게 찍혀서 보다 자세하게 검사를 할 수 있지요.

사막에서 바륨 씨가 들어 있는 화합물은 장미 같은 모양의 돌이 되기도 해요.

88 Ra 라듐 씨

퀴리 부인이 발견했어!

기본 데이터
- ◆ 상온에서 상태 : 고체
- ◆ 원자량 : 226.0254
- ◆ 밀도 : 5g/㎤
- ◆ 녹는점 : 700℃
- ◆ 끓는점 : 1140℃
- ◆ 발견 : 1898년

난 이런 원소야!

퀴리 부인이 발견한 라듐 씨는 방사능을 가진 금속이에요. 방사능을 방출하며 붕괴하면서 라돈 씨 등으로 변신해요. 자연계에는 거의 없어요.

염화라듐이라는 화합물은 어둠 속에서 초록색 빛을 내기 때문에 옛날에 야광도료로 사용하기도 했어요. 하지만 인체에 나쁜 영향을 준다는 사실이 밝혀지면서 지금은 사용이 금지되었어요.

4 Be 베릴륨 씨

우주 공간에서 능력을 발휘!

기본 데이터
- 상온에서 상태 : 고체
- 원자량 : 9.01218
- 밀도 : 1.848g/㎤
- 녹는점 : 1280℃
- 끓는점 : 2970℃
- 발견 : 1828년

독이 있지만 너무 미워하지 마.

난 이런 원소야!

베릴륨 씨는 에메랄드나 아쿠아마린 등의 보석이 되는 녹주석이라는 광물에 들어 있어요. 단맛을 낸다고 하지만 절대로 핥지 마세요! 그는 독성이 강해서 폐에 들어가면 폐암을 일으키기도 한답니다.

하지만 구리 씨를 몇 배나 더 강하게 만들 수도 있어요. 이 합금 베릴륨구리는 해머와 같은 공구에 사용되고 있어요.

그리고 현재 개발 중인 제임스 웹 우주망원경의 주경 재료로도 쓰이고 있어요. 우주 공간은 기온이 매우 낮은데 베릴륨 씨는 그런 극한 환경에서도 모양이 변형되지 않기 때문에 사용된다고 하네요.

12 Mg 마그네슘 씨

알칼리 토금속 패밀리와 두 원소

식물의 광합성에 필수!

기본 데이터
- 상온에서 상태 : 고체
- 원자량 : 24.305
- 밀도 : 1.738g/㎤
- 녹는점 : 648.8℃
- 끓는점 : 1090℃
- 발견 : 1828년

두부를 만들 때 쓰는 간수의 주성분이야.

난 이런 원소야!

마그네슘 씨는 알루미늄 씨보다 더 가벼운 금속이에요. 불을 붙이면 강렬하게 번쩍여요. 비행기나 자동차는 가벼워야 연료를 덜 쓰기 때문에 마그네슘 합금을 쓰기도 해요. 두부를 굳힐 때 쓰는 '간수'도 염화마그네슘이라는 마그네슘 화합물입니다.

마그네슘 씨는 생물에 필요한 원소로 특히 식물에게 매우 중요해요. 식물은 태양광으로 광합성을 하면서 필요한 양분을 만들어 내는데 광합성에는 엽록소가 필요해요. 마그네슘 씨는 이 엽록소의 구성 원소예요.

아연 패밀리

아연 씨 30

　아연 패밀리는 가장 바깥쪽 전자껍질에 전자가 2개 들어 있다는 것이 알칼리 토금속 패밀리와 닮았지만 성질은 달라요.
　아연 패밀리는 멤버끼리도 성질이 다른 점이 많아요. 멤버는 가벼운 순서대로 아연 씨, 카드뮴 씨, 수은 씨 이렇게 3명이에요. 이 중에서 아연 씨와 카드뮴 씨는 상온에서 고체예요. 하지만 단 1명 수은 씨만은 액체예요. 상온에서 액체인 원소는 매우 드문데 전체 원소 중에서도 2명밖에 없어요. 다른 하나는 할로겐 패밀리인 브로민 씨(→p.73)예요.
　이것 말고도 다른 점은 아연 씨는 맛을 느끼는 감각을 정상적으로 유지하는 등 사람 몸 안에서 활약하

카드뮴 씨 48
수은 씨 80

지만 카드뮴 씨나 수은 씨는 반대로 사람 몸에 해로우니 주의해야 한다는 점이에요. 공해 때문에 생기는 질병 가운데 '이타이이타이병'은 카드뮴 씨, '미나마타병'과 '제2미나마타병'은 수은 씨가 원인 물질이었어요.

공통점으로는 금속치고는 끓는점이 낮아서 증발하기 쉽다는 점이에요. 게다가 녹는점도 낮아서 수은 씨는 −38.842℃예요! 금속 중에서 독보적으로 낮아요.

증발하기 쉬운 아연 패밀리는 '떠돌아 다니기 좋아하는 패밀리'로 알아 두면 쉬울 것 같아요.

30 Zn 아연 씨

함석이 되어 강철판을 지킨다!

> 난 맛을 느끼는 데 꼭 필요해.

기본 데이터

- ◆ 상온에서 상태 : 고체
- ◆ 원자량 : 65.38
- ◆ 밀도 : 7.133g/㎤
- ◆ 녹는점 : 419.58℃
- ◆ 끓는점 : 907℃
- ◆ 발견 : 1746년

아연 패밀리

이런 성질이 있어!

아연 씨의 '연'은 한자로 鉛(납 연)(→p.51)이지만 납과 전혀 다른 금속이에요. 아연 씨는 인체에 꼭 필요한 금속입니다. 몸 안에는 '효소'라고 불리는 분자가 다양한 화학반응을 일으킵니다. 효소가 없으면 반응이 원활하게 이루어지지 않아서 문제가 생겨요. 아연 씨는 여러 가지 효소에 들어 있는 정말 중요한 원소로 부족해지면 음식의 맛을 느낄 수 없게 돼요. 맛을 느끼지 못하다니 정말 끔찍하죠?

참고로 니호늄 씨는 아연 씨와 비스무트 씨(→p.59)를 충돌시켜서 만들어 낸 원소예요. 부모님 같은 원소라 할 수 있겠네요.

아연 씨와 비스무트 씨는 제겐 부모님과 같아요.

이런 곳에서 일해!

아연 씨는 함석이나 합금에서 활약하고 있어요. 함석은 철 씨 표면에 아연 씨를 도금한 거예요. 평소 철 씨를 지키고 있을 뿐만 아니라 만약 함석 표면에 상처가 생겨도 아연 씨는 철 씨가 부식되는 것을 막아 내요. 아연 씨가 자기 몸을 희생해서 철 씨를 지키고 있는 것이죠.

아연 씨는 금속치고는 녹는점이 낮아서 합금을 제조할 때 넣으면 가공하기 쉬워져요. 게다가 충격에도 강해지죠. 놋쇠는 아연 씨와 구리 씨의 합금으로 황동이라고도 불러요. 트럼펫 등의 금관악기는 황동으로 만들어지며 옛날 10원짜리 동전도 황동이랍니다.

아연 씨는 이온화되기 쉬워서 건전지의 −극에도 쓰이고 있어요.

이런 화합물을 만들어 내!

산화아연

산화아연은 아연 씨와 산소 씨의 화합물이에요. 글자 그대로 아연 씨가 산화된 거예요. 하얀 분말인 산화아연은 아연화, 아연백이라고도 불러요. 흰색 페인트나 그림물감에 쓰이며 자외선을 차단하는 효과가 있어서 섬유나 화장품에도 쓰이고 있어요. 염증을 억제하는 효과가 있어서 피부약으로도 쓰인답니다.

48 Cd 카드뮴 씨

'이타이이타이병'의 원인 물질!

나를 원료로 만든 물감은 화가 모네에게 사랑 받았어.

기본 데이터
- ◆ 상온에서 상태 : 고체
- ◆ 원자량 : 112.41
- ◆ 밀도 : 8.62g/㎤
- ◆ 녹는점 : 320.9℃
- ◆ 끓는점 : 765℃
- ◆ 발견 : 1817년

난 이런 원소야!

카드뮴 씨의 성질은 아연 씨(→p.32)와 비슷해서 합금으로 쓰기도 해요. 부식을 억제하는 효과는 카드뮴 씨가 더 커요.

그리고 니켈 씨(전이금속 패밀리)와 카드뮴 씨를 재료로 니카드 전지를 만들거나 카드뮴 옐로라고 불리는 그림물감에 쓰기도 했어요. 하지만 인체에 해로워서 지금은 사용이 제한되어 있어요. 유명한 공해병인 '이타이이타이병'은 광산에서 유출된 카드뮴 씨가 하천으로 흘러들어간 것이 원인이었어요. 카드뮴 옐로는 유명 화가 모네가 애용한 물감으로 유명해요.

80 Hg 수은 씨

아연 패밀리

'미나마타병'의 원인 물질!

사람들이 저보고 특이하대요.

기본 데이터
- 상온에서 상태 : 액체
- 원자량 : 200.59
- 밀도 : 13.546g/㎤
- 녹는점 : -38.842℃
- 끓는점 : 356.58℃
- 발견 : 연대 미상

난 이런 원소야!

수은 씨는 상온에서 은색 액체인 금속이에요. 금속인데 액체라니 참 특이하죠?

옛날 중국에서는 수은 씨를 늙지 않고 오래 살 수 있는 명약으로 여기기도 했대요. 하지만 사실은 인체에 해로운 독이에요. 1950년대부터 문제가 된 '미나마타병'이라는 병의 원인 물질로도 유명해요.

온도를 높였을 때 팽창하는 비율이 크고 그 비율이 온도에 따라 일정하기 때문에 온도계 등에 많이 사용되어 왔어요.

지금도 형광등 속에 쓰이는 등 우리 주변에서 많이 쓰이고 있어요.

붕소 패밀리

붕소 씨 ❺
알루미늄 씨 ⑬

붕소 패밀리에는 5명의 원소가 있어요. 멤버는 가벼운 순서대로 붕소 씨, 알루미늄 씨, 갈륨 씨, 인듐 씨, 탈륨 씨입니다.

전부 가장 바깥쪽 전자껍질에 3개의 전자가 들어 있어요. 하지만 이 패밀리는 성질이 비슷한 데가 별로 없어요. 특히 붕소 씨는 매우 개성적이에요. 전기가 잘 통하는 금속과 전기가 잘 통하지 않는 비금속의 중간에 해당하는 물질을 '반도체'라고 하는데 패밀리 중에서 붕소 씨만 이 반도체의 성질을 가진 반금속이에요. 다른 4명은 모두 금속으로 부드럽다는 특징이 있어요.

갈륨 씨 ③¹
인듐 씨 ④⁹
탈륨 씨 ⁸¹

　어쩌면 이 패밀리의 원소는 우리에게 많이 친숙할 수도 있어요. 특히 알루미늄 씨가 그럴 것 같아요. 알루미늄 씨는 여러 금속들 중에서도 지구에 가장 많이 존재해요. 우리 생활 속에서도 많이 사용되고 있어서 이름을 많이 들어 봤을 거예요. 그래서 어떤 의미에서는 사람과 가장 친한 패밀리라고도 할 수 있어요.

　그밖에 붕소 씨는 내열유리에 사용되고 있고 갈륨 씨나 인듐 씨는 전자제품에 많이 쓰이고 있어요.

5 B 붕소 씨

불과 열에 강하고 단단하다!

난 원소 시티의 '소방관'이야!

기본 데이터

- ◆ 상온에서 상태 : 고체
- ◆ 원자량 : 10.81
- ◆ 밀도 : 2.34g/㎤
- ◆ 녹는점 : 2080℃
- ◆ 끓는점 : 4000℃
- ◆ 발견 : 1892년

이런 성질이 있어!

붕소 씨는 검은색을 띤 금속광택이 있는 반금속 물질이에요. 자연계에는 붕사와 같은 광물의 형태로 존재해요. '붕사'라고 하면 조금 생소하죠? 액상 풀과 섞어서 슬라임을 만들 때 넣는 물질이에요. 붕소 씨가 홑원소물질일 때 다이아몬드 다음으로 단단하답니다. 놀랍죠?

붕소 씨는 식물에게 꼭 필요한 원소 중 하나입니다. 식물의 세포벽을 만드는 데 필요하거든요. 일본 스즈키 아키라 박사는 2010년에 유기 붕소화합물을 연구하여 노벨 화학상을 수상했어요.

스즈키 박사가 개발한 방법은 약제와 액정 등을 만드는 데 이용되고 있어.

이런 곳에서 일해!

붕소 씨는 내열유리를 만드는 데 크게 활약하고 있어요. 일반적인 유리는 갑자기 뜨거운 물을 붓거나 반대로 갑자기 차갑게 냉각하면 팽창하거나 수축하면서 금방 깨져 버려요. 하지만 붕소 씨를 넣은 유리는 팽창과 수축이 적어서 잘 깨지지 않는답니다.

붕소 씨와 다른 금속과의 화합물도 열에 강해서 로켓 노즐 등에 사용되기도 해요. 붕소 씨는 불과 열에 아주 강한 원소예요.

그밖에 붕소 씨로 만든 붕소 섬유는 가볍고 견고해서 전투기 등에 사용되기도 해요. 2011년까지 비행했던 우주왕복선에도 쓰였답니다.

이런 화합물을 만들어 내!

붕산

붕산은 붕소 씨와 산소 씨 그리고 저(수소)의 화합물이에요. 바퀴벌레 퇴치에 쓰는 '붕산 경단'이 유명하죠. 붕산 경단은 집에서 직접 만들 수도 있어요. 붕산은 인체에 쓰이기도 해요. 사람을 퇴치하는 데 쓰이는 건 당연히 아니고요. 살균 작용이 있어서 눈 소독약으로 쓰이고 있어요.

13 Al 알루미늄 씨

알루미늄 캔으로 유명해!

저는 여러분의 생활 속 친구예요.

기본 데이터
- 상온에서 상태 : 고체
- 원자량 : 26.98154
- 밀도 : 2.6989g/㎤
- 녹는점 : 660.37℃
- 끓는점 : 2470℃
- 발견 : 1825년

난 이런 원소야!

알루미늄 씨는 옛날 1원 동전이나 알루미늄 캔 등 우리 생활 속에 다양하게 쓰이고 있어요. 다른 금속과의 합금은 강하고 가벼워서 비행기나 자동차에 많이 쓰여요. 전기가 잘 통하므로 송전선으로 사용되거나 열을 잘 전달하므로 냄비로도 사용됩니다. 우리 일상생활 속에서 다양하게 사용되고 있는 원소라 할 수 있어요.

알루미늄 씨는 '보크사이트'라고 하는 광석에 함유되어 있어요. 그런데 보크사이트에서 알루미늄을 꺼내려면 많은 전력이 필요해요. 그래서 알루미늄 캔은 재활용하는 것이 매우 중요합니다.

31 Ga 갈륨 씨

붕소 패밀리

발광다이오드가 된다!

> 빛나는 LED에서 활약 중이랍니다.

기본 데이터

- ◆ 상온에서 상태 : 고체
- ◆ 원자량 : 69.72
- ◆ 밀도 : 5.913g/㎤
- ◆ 녹는점 : 29.78℃
- ◆ 끓는점 : 2400℃
- ◆ 발견 : 1875년

난 이런 원소야!

갈륨 씨는 녹는점이 금속 중에서는 수은 씨(→p.21) 다음으로 낮아요. 손에 쥐고 있으면 아마 녹을 거예요.

갈륨 씨가 활약하는 곳은 발광다이오드(LED)예요. 비소 씨(→p.57)와의 화합물인 비화갈륨(일명 갈륨비소)이나 질소 씨와의 화합물인 질화갈륨 등으로 사용돼요. 전기가 흐르면 빛을 내는데 소비 전력이 작다는 등의 여러 장점이 있어요. 최근에는 조명이나 신호등에도 많이 사용되고 있어요. 비화갈륨은 DVD를 재생하고 저장하는 반도체 레이저로도 사용되고 있어요.

49 In 인듐 씨

액정 디스플레이에서 활약!

기본 데이터
- 상온에서 상태 : 고체
- 원자량 : 114.818
- 밀도 : 7.31g/㎤
- 녹는점 : 156.61℃
- 끓는점 : 2080℃
- 발견 : 1863년

내 이름의 유래는 청바지의 염료인 '인디고'예요.

난 이런 원소야!

최근에 인듐 씨가 활약하는 곳은 뭐니 뭐니 해도 액정디스플레이죠! 텔레비전이나 스마트폰, 태블릿 기기 등 전자제품에 많이 쓰이고 있어요.

액정디스플레이에는 전기가 통하는 투명한 부품(투명전극)이 필요한데 그 재료로 인듐 씨와 주석 씨(→p.50), 산소 씨의 화합물인 인듐주석산화물을 사용하고 있어요.

다만 그는 채취량이 적어서 재활용하는 게 중요해요. 인듐 씨에겐 비밀이지만 인듐 씨가 필요 없는 투명전극에 대한 연구가 활발히 진행되고 있어요.

81 Tl 탈륨 씨

붕소 패밀리

독이지만 검사하는 데 필요해!

이름은 그리스어로 '녹색 가지'라는 뜻이야.

기본 데이터
- 상온에서 상태 : 고체
- 원자량 : 204.383
- 밀도 : 11.85g/㎤
- 녹는점 : 303.5℃
- 끓는점 : 1457℃
- 발견 : 1861년

난 이런 원소야!

탈륨 씨의 이름은 '녹색 가지'를 의미하는데 칼로 자를 수 있을 만큼 부드러운 금속이에요. 불에 넣으면 녹색 빛이 나기 때문에 이런 이름이 붙었어요.

그런데 사람 몸에는 유독해요. 우리 몸에서 중요한 역할을 하는 포타슘 씨를 방해하거든요. 황산탈륨과 같은 화합물은 강한 독성을 가지고 있어서 옛날에는 쥐나 해충을 잡는 약으로도 사용되었는데 너무 위험해서 지금은 사용이 금지되었어요.

탈륨 씨는 약한 방사능을 가지고 있어서 심근 세포의 검사에 사용되고 있어요. 아주 적은 방사능이라 몸에 미치는 영향은 적다고 하네요.

탄소 패밀리

탄소 씨 ❻   규소 씨 ⑭

　탄소 패밀리의 다섯 멤버들은 모두 가장 바깥쪽 전자껍질에 4개의 전자를 가지고 있어요. 탄소 씨는 비금속인데 무거워질수록 금속 성질이 강해져요. 규소 씨와 저마늄 씨는 반도체 성질을 가진 반금속, 주석 씨와 납 씨는 금속이에요. 닮은 구석이 별로 없죠? 모두가 제각각인 패밀리예요.
　이 패밀리의 원소들은 현대사회의 IT 기술과 전자 산업을 지탱해 온 친구들이에요. 그러니까 원소 시티의 자랑스러운 박사·연구원 패밀리라고 할 수 있어요.
　탄소 씨는 플라스틱을 만드는 것 외에도 홑원소로는 다이아몬드나 흑연, 카본나노튜브 등의 물질이 됩니다. 이들은 각각 다른 성질을 가지고 있어서 다양한 분야에서 활약하고 있어요. 규소 씨는 PC나 스

납 씨 82
주석 씨 50
저마늄 씨 32

마트폰 등의 전자기기에서 꼭 필요한 반도체의 원료예요. 영어로 '실리콘'이라고 하는데 첨단 기업이 모여 있는 미국 캘리포니아주 북부를 '실리콘밸리'라고 불러요. 저마늄 씨는 과거에 '트랜지스터'라고 하는 반도체 부품으로 많은 활약을 했었죠. 주석 씨는 전자 부품을 기판에 연결하는 '땜납'에서 활약하고 있어요. 납 씨도 예전에는 땜납에 많이 사용되었답니다.

6 C 탄소 씨

흑연도 다이아몬드도 된다!

> 나로 만들어지는 카본나노튜브에 주목하시오!

기본 데이터

- ◆ 상온에서 상태 : 고체
- ◆ 원자량 : 12.011
- ◆ 밀도 : 3.53g/㎤
- ◆ 녹는점 : 3600℃
- ◆ 끓는점 : 4800℃
- ◆ 발견 : 연대 미상

※ 밀도, 녹는점, 끓는점은 다이아몬드에 해당함.

이런 성질이 있어!

탄소 씨는 다이아몬드와 흑연이 되는 원소예요. 흑연은 연필심의 원료입니다. 반짝반짝 빛나는 다이아몬드와 새까만 흑연은 모두 탄소로만 구성된 물질이에요.

탄소 씨는 인체에 매우 중요한 원소로 우리 몸 안에는 산소 씨 다음으로 많이 있어요. 몸의 18%가 탄소 씨랍니다. 몸을 구성하는 단백질과 지방, 유전자의 본체인 DNA도 탄소화합물이에요. 음식물의 영양분에도 탄소 씨의 화합물이 많아요. 탄소화합물을 먹고 우리 몸에 필요한 다른 탄소화합물을 만들어 내는 것이죠.

참고로 석유와 석탄은 옛날 옛적 동식물 안에 있던 탄소화합물로 만들어진 것이랍니다.

생명체에게 탄소 씨의 화합물은 정말 중요해.

이런 곳에서 일해!

생명체의 생명을 지탱하는 탄소 씨는 여러 곳에서 활약하고 있어요.

탄소화합물인 플라스틱과 페트병이 석유로부터 만들어진다는 사실을 알고 있나요? 탄소 씨를 재료로 만드는 '탄소섬유'라 불리는 실 같은 물질이 있는데요. 이건 알루미늄 씨보다 훨씬 가벼우면서도 철 씨보다 훨씬 강하답니다. 탄소섬유를 이용한 재료는 비행기와 자동차, 테니스 라켓 등 많은 곳에서 쓰이고 있어요.

탄소 씨로 만드는 '카본나노튜브'는 아무리 구부려도 부러지지 않을 만큼 강하고 전기와 열을 잘 전달하기 때문에 다양한 분야에서 쓰임이 기대되고 있는 물질입니다.

원소 토막 지식

탄소의 동소체

연필심으로 쓰이는 흑연과 보석인 다이아몬드는 겉보기도 성질도 전혀 다르지만 둘 다 탄소 씨의 원자로만 구성된 물질이에요. 신기하죠? 이것은 원자의 결합 방식이 달라서 그렇답니다. 이처럼 같은 원소인데 원자의 결합 방식이 다른 물질을 '동소체'라고 해요. 탄소 씨의 동소체는 여러 개가 있는데 카본나노튜브도 그중 하나예요. 무척 강하면서 탄력성이 좋은 물질이지요.

14 Si 규소 씨

LSI에 쓰이고 있어!

반도체 소재로 현대사회를 지탱하고 있어.

기본 데이터

- ◆ 상온에서 상태 : 고체
- ◆ 원자량 : 28.0855
- ◆ 밀도 : 2.33g/㎤
- ◆ 녹는점 : 1410℃
- ◆ 끓는점 : 2360℃
- ◆ 발견 : 1823년

난 이런 원소야!

규소 씨는 지각 중에서 산소 씨 다음으로 많은 원소예요. 산소 씨와 결합한 이산화규소라는 화합물 형태로 돌이나 흙 속에 많이 들어 있어요. 수정의 구성 성분도 주로 이산화규소예요.

규소 씨는 반도체의 성질을 가지고 있어요. 반도체는 전압의 크기를 바꿀 수 있어서 전기를 흐르게 하거나 반대로 막거나 할 수 있는 물질이에요. 컴퓨터 안에 있는 LSI(집적회로)에 꼭 필요한 물질입니다.

탄소와 결합하여 만들어지는 실리콘(silicone)은 소프트렌즈 등에 쓰여요. 참고로 규소 씨의 영어 이름은 '실리콘(silicon)'입니다.

32 Ge 저마늄 씨

탄소 패밀리

트랜지스터에 쓰여요!

저는 전자 산업이 시작될 때 도움을 주었죠!

기본 데이터
- ◆ 상온에서 상태 : 고체
- ◆ 원자량 : 72.63
- ◆ 밀도 : 5.323g/㎤
- ◆ 녹는점 : 937.4℃
- ◆ 끓는점 : 2830℃
- ◆ 발견 : 1885년

난 이런 원소야!

저마늄 씨는 반도체의 성질을 가지고 있는 반금속이에요. 요즘은 반도체 하면 규소 씨가 대세지만 초기에는 저마늄 씨가 인기였답니다. 1947년에 개발된 '트랜지스터'라고 하는 전자 부품의 반도체에는 저마늄 씨가 주로 사용되었어요.

지금도 적외선카메라 렌즈에서 활약하고 있어요. 산소 씨와의 화합물인 산화저마늄이 쓰이는데 일반적인 유리와 다르게 적외선을 흡수하지 않으므로 적외선을 감지할 수 있어요. 앞으로도 저마늄 씨의 많은 활약이 기대됩니다.

50 Sn 주석 씨

양철로 유명해요!

난 가공하기 쉬운 금속이야.

기본 데이터
- ◆ 상온에서 상태 : 고체
- ◆ 원자량 : 118.710
- ◆ 밀도 : 5.80g/㎤
- ◆ 녹는점 : 231.9681℃
- ◆ 끓는점 : 2270℃
- ◆ 발견 : 연대 미상

난 이런 원소야!

주석 씨는 옛날부터 잘 알려진 금속이에요. 합금이나 도금으로 쓰이는 경우가 많고 특히 구리 씨와의 합금은 '청동'이라고 해서 가장 오래 전부터 사용되고 있어요. 가공하기 쉬워서 지금도 다양한 용도로 쓰고 있죠.

'양철'이라고 들어 본 적이 있나요? 양철은 철 씨를 주석 씨로 도금한 것인데 통조림 캔이나 빈티지 장난감 등에 쓰입니다.

주석 씨는 전자 부품을 기판에 연결하는 '땜납'이나 액정디스플레이의 투명 전극에도 이용되고 있어서 전자 산업 분야에서는 여전히 활발하게 활동 중이에요.

82 Pb 납 씨

탄소 패밀리

자동차 배터리에 사용해요!

요즘엔 나를 꺼리지만 아직 얼마든지 일할 수 있다구.

기본 데이터
- ◆ 상온에서 상태 : 고체
- ◆ 원자량 : 207.2
- ◆ 밀도 : 11.35g/㎤
- ◆ 녹는점 : 327.502℃
- ◆ 끓는점 : 1740℃
- ◆ 발견 : 연대 미상

난 이런 원소야!

납 씨는 부드럽고 가공하기 쉬워서 아주 오래전부터 쓰인 금속입니다. 이집트에서는 기원전 3400년경부터 썼다고 해요.

하지만 납 씨는 우리 몸에 유독해서 몸 안에 조금씩 쌓이면 납중독을 일으켜요. 옛날에는 화장품이나 땜납의 재료에 들어 있었지만 지금은 쓰이지 않아요.

그래도 자동차 배터리에서는 지금도 활약하고 있고 엑스레이와 같은 방사선을 통과시키지 않으므로 방사선을 차단해야 할 때도 쓰고 있어요.

질소 패밀리

질소 씨 ❼ 인 씨 ⓯

　질소 패밀리의 공통점은 가장 바깥쪽 전자껍질에 5개의 전자를 가지고 있다는 것입니다. 그런데 외모나 성질은 모두 달라요. 멤버는 가벼운 순서대로 질소 씨, 인 씨, 비소 씨, 안티모니 씨, 비스무트 씨입니다.

　상온에서는 질소 씨만 기체이고 인 씨 등 나머지 4명은 고체입니다. 질소 씨와 인 씨는 비금속, 비소 씨와 안티모니 씨, 비스무트 씨 이렇게 3명은 반금속이에요.

　패밀리 중에서 유명한 건 질소 씨와 인 씨지만 사실 이 패밀리는 옛날부터 알려져 있던 원소들이에요. 가장 늦게 발견된 건 질소 씨입니다.

비스무트 씨 83

안티모니 씨 51

비소 씨 33

　패밀리의 공통점은 모두 생명체와 관련이 있다는 거예요. 특히 질소 씨와 인 씨는 인체에 필요한 원소로 식물에도 매우 중요합니다. 여기에 알칼리 금속 패밀리인 포타슘 씨까지 더한 3명은 '식물의 3대 영양소'로 잘 알려져 있죠.

　비소 씨와 안티모니 씨는 인체에 유독하지만 비소 씨의 경우 아주 적은 양은 인체에 필요합니다. 비스무트 씨는 의약품으로 쓰이기도 해요.

　그래서 이 패밀리는 원소 시티의 '의사 가문'이라 할 수 있겠습니다.

7 N 질소 씨

나는 대기 중에 많이 있어!

땅, 식물, 동물 사이를 순환해!

기본 데이터

- 상온에서 상태 : 기체
- 원자량 : 14.0067
- 밀도 : 0.0012507g/㎤
- 녹는점 : -209.86℃
- 끓는점 : -195.8℃
- 발견 : 1772년

이런 성질이 있어!

질소 씨는 대기 중에 가장 많이 있는 원소로 무려 78%를 차지하고 있어요. 색도 냄새도 없죠. 대기 중에는 원자가 2개 붙은 분자 상태로 떠 있어요. 질소 씨의 분자는 다른 물질과 잘 반응하지 않는 것이 특징입니다.

질소 씨는 단백질 구성 성분으로 몸 안에 꼭 필요한 원소예요. 질소 씨가 아무리 대기 중에 많다고 해도 대기에서 바로 우리 몸으로 들어올 수 있는 건 아니에요. 흙 속 세균이 질소화합물인 암모니아를 만들어 내고 이를 원료로 식물이 아미노산 등을 만들어 내요. 이것을 사람이 음식으로 먹으면 몸 안에 질소 씨가 들어올 수 있어요. 질소 씨는 식물에도 필요한 원소랍니다.

> 질소 씨는 비료 성분으로도 쓰인다고 해.

이런 곳에서 일해!

다이너마이트의 원료인 니트로글리세린은 질소화합물이에요. 폭약이지만 '협심증'과 같은 심장질환의 약으로도 쓰입니다. 몸 안에서 니트로글리세린이 만들어 내는 일산화질소가 혈관을 확장하는 작용을 해요.

맛있는 과자나 통조림 캔 안에 질소 씨를 함께 넣기도 해요. 이는 산소 씨가 음식물을 산화시켜서 품질이 떨어지지 않도록 하기 위해서예요.

질소 씨의 끓는점은 약 -195℃로 매우 낮아서 액체질소는 물체를 냉각시키는 냉각제로 쓰이며 비교적 값이 싸기 때문에 식품 냉동 등 다양하게 이용되고 있어요.

이런 화합물을 만들어 내!

암모니아

암모니아는 질소 씨 원자 1개와 저(수소)의 원자 3개가 결합되어 만들어진 화합물이에요. 상온에서는 고약한 냄새가 나는 무색 기체로 물에 아주 잘 녹아요. 비료를 만들 때 원료로 자주 쓰이고 있어요. 몸 안에서도 만들어지는데 인체에 유독해서 몸에 불필요한 물질이에요. 그래서 몸 안에서 만들어진 암모니아는 오줌으로 몸 밖에 배출된답니다.

15 P 인 씨

성냥의 발화제로 쓰여요

> 난 동물과 식물 모두에게 필요한 존재야.

기본 데이터
- 상온에서 상태 : 고체
- 원자량 : 30.97376
- 밀도 : 1.82g/㎤
- 녹는점 : 44.1℃
- 끓는점 : 280.5℃
- 발견 : 1669년

난 이런 원소야!

인 씨는 오줌을 증발시키고 남은 찌꺼기에서 발견되었어요. 몸 안에서 오줌과 함께 배출되거든요.

몸의 중요한 원소로 칼슘 씨와 함께 만드는 화합물은 뼈와 치아의 주역을 맡고 있어요.

몸 안에서 에너지를 저장하고 운반하는 ATP라는 분자를 만들며 DNA도 만들어요. 인 씨도 '식물의 3대 영양소' 중의 하나로 식물의 중요한 원소예요.

인 씨에는 백린, 적린, 흑린 등의 몇 가지 동소체가 있어요. 백린은 유독하며 50℃ 정도에서 자연적으로 불이 붙어요. 적린은 무독하며 성냥갑에 쓰여요.

33 As 비소 씨

질소 패밀리

독극물로 유명해!

히히히, 난 독이면서 약이기도 해.

기본 데이터
- 상온에서 상태 : 고체
- 원자량 : 74.9216
- 밀도 : 5.73g/㎤
- 녹는점 : 817℃
- 끓는점 : 613℃
- 발견 : 연대 미상

난 이런 원소야!

비소 씨는 독성이 있는 반금속 원소예요. 그래서 화합물도 독성이 있는 것들이 많아요.

예로부터 수많은 독극물 살인 사건에 사용되어 왔지만 한편으로는 약으로도 써 왔어요. 지금도 삼산화이비소(아비산)라는 화합물이 백혈병 치료약으로 사용되고 있어요.

갈륨 씨(→p.41)와의 화합물인 비화갈륨(일명 갈륨비소)은 뛰어난 반도체예요. 규소로 만드는 반도체보다 고속이면서 전력도 적게 들어요. 다만 만들기가 어렵다는 게 단점이에요. 발광다이오드(LED) 외에 태양전지 재료로 쓰이는 등 전자 산업 분야에서도 활약하고 있습니다.

51 Sb 안티모니 씨

클레오파트라가 애용한 화장품이야!

기본 데이터
- 상온에서 상태 : 고체
- 원자량 : 121.75
- 밀도 : 6.691g/㎤
- 녹는점 : 630.74℃
- 끓는점 : 1635℃
- 발견 : 연대 미상

> 난 화장품으로 쓰였지. 사실은 독극물인데….

난 이런 원소야!

안티모니 씨는 오래전부터 알려진 원소로 옛날에는 화장품 등으로 쓰였어요. 고대 이집트 여왕 클레오파트라도 아이섀도로 썼다고 해요. 독극물인지도 모른 채 말이죠.

안티모니 씨는 반금속이며 규소 씨에 조금 섞어서 반도체에 쓰이고 있어요.

그밖에도 다양하게 활용되고 있는데 예를 들어 산소 씨와의 화합물인 삼산화이안티모니는 플라스틱과 고무, 천 등을 불에 잘 안 타게 만드는 작용을 해요. 커튼이나 카펫에 쓰이기도 하며 불에 잘 안 타는 플라스틱으로 전자기기 등에 쓰이고 있어요.

83 Bi 비스무트 씨

질소 패밀리

납의 대체품이 되다!

저의 결정체는 무지개 색 빛이 나요!

기본 데이터
- 상온에서 상태 : 고체
- 원자량 : 208.9804
- 밀도 : 9.747g/㎤
- 녹는점 : 271.3℃
- 끓는점 : 1560℃
- 발견 : 연대 미상

난 이런 원소야!

비스무트 씨는 결정이 아름다운 무지개 색을 내는 반금속이에요. 부드러운 성질은 납 씨와 비슷해요. 그래서 유해한 납 씨 대신 땜납 재료 등으로 쓰이기도 해요. 비스무트 씨는 인체에 해롭지 않거든요.

비스무트 씨와 납 씨, 주석 씨, 카드뮴 씨(→p.34)의 합금은 약 70℃에서 녹기 때문에 소방용 스프링클러 플러그 등에 사용됩니다. 불이 나면 녹아서 물이 나오는 구조예요. 그 밖에 위장약이나 설사약 등의 의약품으로도 쓰이고 있어요.

앞에서도 말했지만 니호늄 씨는 비스무트 씨와 아연 씨로 만들어 냈어요.

산소 패밀리

산소 씨 ❽

황 씨 ⓰

　　산소 패밀리는 가장 바깥쪽 전자껍질에 6개의 전자를 가지고 있어요. 질소 패밀리와 마찬가지로 멤버들의 성질은 모두 다 달라요. 가벼운 순서대로 산소 씨, 황 씨, 셀레늄 씨, 텔루륨 씨, 폴로늄 씨 이렇게 5명이에요.

　　상온에서 산소 씨는 기체이고 다른 4명은 고체입니다. 산소 씨와 황 씨, 셀레늄 씨는 비금속이고 텔루늄 씨는 반금속, 폴로늄 씨는 금속이에요.

　　이 패밀리는 원소 시티의 유명인 패밀리라 할 수 있을 만큼 지구에서 흔히 볼 수 있는 원소들이에요. 특히 산소 씨는 거의 초특급 아이돌이에요. 왜냐하면 산소 패밀리는 물론이고 다른 모든 원소 중에서

지각에 가장 많이 존재하는 원소니까요. 지각뿐만이 아니에요. 바다나 사람 몸속에도 가장 많은 건 산소 씨예요. 대기 중에 가장 많지는 않지만 그래도 질소 씨 다음으로 많은 원소랍니다.

산소 씨만큼은 아니지만 황 씨도 지각 중에 많이 있어요. 산소 패밀리는 무거워질수록 양이 줄어들어요. 가장 무거운 폴로늄 씨는 방사능이 있어서 방사선을 방출하면서 다른 원소로 변신해 버리기 때문에 아쉽게도 지구상에 존재하는 양이 매우 적습니다.

8 O 산소 씨

> 난 호흡하는 동물들의 수호신이야.

지구 생명체를 지키는 건 바로 나!

기본 데이터

- ◆ 상온에서 상태 : 기체
- ◆ 원자량 : 15.9994
- ◆ 밀도 : 0.0014289g/㎤
- ◆ 녹는점 : -218.4℃
- ◆ 끓는점 : -182.96℃
- ◆ 발견 : 1771년

산소 패밀리

이런 성질이 있어!

산소 씨는 색도 없고 냄새도 없는 기체예요. 대기의 21%를 차지하며 질소 씨 다음으로 많이 존재해요. 지각이나 바다에는 가장 많이 존재하는 원소예요.

산소 씨는 사람의 몸속에도 가장 많이 들어 있는 원소예요. 그야말로 지구에서 가장 흔하고 유명한 원소라 할 수 있어요.

산소 씨가 다른 원소와 결합하는 반응을 '산화'라고 해요. 예를 들어 철 씨가 녹스는 것도 산화예요. 철 씨와 결합하면 산화철로 변해요. 산화할 때 열이나 빛이 나기도 하는데 물체가 불에 타는 것은 산화가 격렬하게 일어나고 있다는 뜻이에요.

산소 씨는 원소 시티의 초특급 아이돌이야.

이런 곳에서 일해!

산소 씨는 사람의 몸속에서 저(수소)와 함께 물의 형태로 존재하고 단백질 등의 성분이 되기도 해요. 사람이 몸을 움직이는 데 꼭 필요하지요. 호흡을 통해 폐로 들어간 산소 씨는 혈액을 통해 온몸으로 운반돼요. 그리고 몸 구석구석에 있는 세포에서 몸을 움직이는 에너지를 만드는 데 사용됩니다. 사람뿐만 아니라 호흡을 하는 모든 동물이 살아가는 데 꼭 필요한 원소예요.

대기 중의 산소 씨는 원자가 2개 결합한 것이며 3개가 붙은 것을 '오존'이라고 해요. 오존은 높은 하늘 약 20km에서 층을 이루면서 태양에서 나오는 해로운 자외선을 흡수해서 생명체를 보호합니다.

이런 화합물을 만들어 내!

이산화탄소

이산화탄소는 산소 씨 원자 2개와 탄소 씨 원자 1개가 결합한 분자예요. 숨을 내쉴 때 그리고 물체를 태울 때 만들어져요. 공장에서 석유를 많이 태우면 대량으로 만들어지죠. 최근에는 지구온난화의 원인 물질로 문제가 되고 있어요. 이산화탄소는 열을 가두는 성질이 있어서 너무 많아지면 지구 표면이 온실처럼 더워지기 때문이에요.

16 S 황 씨

고무에 꼭 필요한 원소!

화산과 온천에서 만나요!

기본 데이터
- 상온에서 상태 : 고체
- 원자량 : 32.06
- 밀도 : 2.07g/㎤
- 녹는점 : 112.8℃
- 끓는점 : 444.674℃
- 발견 : 연대 미상

난 이런 원소야!

황 씨는 화산이나 온천에서 볼 수 있어요. 흔히 볼 수 있는 건 노란색 결정이에요. 온천에 가면 "유황 냄새가 나."라는 이야기를 많이 하는데 이 냄새는 달걀 썩은 냄새를 말해요. 하지만 이 냄새는 황 씨 자신의 냄새가 아니고 황화수소라고 하는 화합물 냄새예요. 양파나 마늘의 매운 성분이나 냄새 성분도 황 씨 화합물이에요.

황 씨는 고무에도 들어 있어요. 고무 원료만으로는 늘어났다가 다시 원래 모양으로 돌아오지 않는데 흥미롭게도 황 씨를 더하면 줄었다 늘어났다 하게 됩니다.

34 Se 셀레늄 씨

산소 패밀리

노화를 방지한다!

난 인체에 조금만 필요해.

기본 데이터
- 상온에서 상태 : 고체
- 원자량 : 78.96
- 밀도 : 4.79g/㎤
- 녹는점 : 217℃
- 끓는점 : 684.9℃
- 발견 : 1817년

난 이런 원소야!

셀레늄 씨의 이름의 유래는 그리스어로 '달'이라는 뜻인 '셀레네(selene)'예요. 여러 동소체가 있는데 상온에서 안정적인 것은 회색 셀레늄이에요. 반도체의 성질을 가지고 있는 비금속으로 어두운 곳에서는 전기가 통하지 않는 절연체이지만 빛을 비추면 전기가 잘 통해요. 이러한 성질을 '광전도성'이라고 하는데 예전에는 이 성질 때문에 복사기에 쓰였어요.

셀레늄 씨는 인체에 아주 조금만 필요해요. 비타민C 등과 함께 노화의 원인이 되는 활성산소로부터 우리 몸을 지켜 줘요. 하지만 너무 많이 섭취하면 중독을 일으키므로 주의해야 합니다.

52 Te 텔루륨 씨

DVD 디스크 재기록에 쓰여!

> 나를 만지면 손에 마늘 냄새가 밸걸.

기본 데이터

- 상온에서 상태 : 고체
- 원자량 : 127.60
- 밀도 : 6.236g/㎤
- 녹는점 : 449.5℃
- 끓는점 : 989.8℃
- 발견 : 1782년

난 이런 원소야!

텔루륨 씨의 이름의 유래는 라틴어로 '지구'라는 의미인 '텔루스(tellus)'예요. 텔루륨 씨는 반도체 성질을 가진 반금속이에요. 비스무트 씨와의 합금이 열을 전기로 변환하거나 전기를 열로 변환하는 '열전변환'을 하는 전자 부품으로 사용돼요. 텔레륨 씨의 화합물은 DVD 디스크나 블루레이 디스크의 데이터를 기록하는 장소에도 쓰이고 있어요.

사람의 몸에도 아주 조금 들어 있는데 너무 많이 섭취하면 유독하므로 주의해야 해요. 흔히 있는 일은 아니지만 텔루륨 씨를 만지면 숨이나 땀에서 마늘 냄새가 날 수 있으니 조심하세요.

84 Po 폴로늄 씨

산소 패밀리

매우 강한 방사능을 지녔어!

경고하는데 날 위험한 일에 쓰지 말아라.

기본 데이터
- 상온에서 상태 : 고체
- 원자량 : 209
- 밀도 : 9.32g/㎤
- 녹는점 : 254℃
- 끓는점 : 962℃
- 발견 : 1898년

난 이런 원소야!

폴로늄 씨는 퀴리 부부가 1898년에 발견한 강한 방사능을 지닌 원소예요. 자연에 존재하는 원소 중에서 가장 독성이 강해요. 그래서 살인 도구로도 사용된 적이 있어요. 무섭죠? 참고로 폴로늄 씨는 담배 연기에도 들어 있다고 해요.

폴로늄 씨는 원자력전지에도 이용되고 있어요. 원자력전지는 수명이 길어서 태양과 멀리 떨어진 곳까지 가는 우주탐사기에 쓰입니다. 방사능을 방출하면서 납 씨로 변신할 때 나오는 열을 이용해서 전기를 일으켜요. 무서운 이미지의 폴로늄 씨도 어엿한 일꾼으로 열심히 일하고 있답니다.

할로겐 패밀리

플루오린 씨 ⑨

염소 씨 ⑰

이번에 소개하는 플루오린 씨, 염소 씨, 브로민 씨, 아이오딘 씨, 아스타틴 씨 이렇게 5명은 할로겐 패밀리의 멤버예요. 플루오린 씨부터 순서대로 점점 무거워져요. 이 패밀리는 알칼리 금속 패밀리와 마찬가지로 그 성질이 매우 비슷해서 모두가 다른 원소들과 반응하는 것을 매우 좋아해요.

할로겐 패밀리의 원자는 가장 바깥쪽 전자껍질에 7개의 전자가 들어 있어요. 가장 바깥쪽 전자껍질은 8개의 전자가 들어 있을 때 가장 안정적이에요. 그래서 그들은 안정을 찾아 다른 곳에서부터 전자를 하나 받아들여서 음이온이 되고 싶어 해요. 늘 누가 옆에 있어 주길 바라는 거죠. 그러니까 이 패밀리는 붙임성이 좋고 정이 많은 패밀리에요. 패밀리 멤버끼리 비교하면 플루오린 씨가 가장 잘 반응하는 원소

이고 무거워질수록 점점 차분한 성격이 됩니다.

상온에서 상태는 패밀리끼리 모두 다른데 플루오린 씨와 염소 씨는 기체, 브로민 씨는 액체, 아이오딘 씨는 고체예요. 이처럼 같은 패밀리 안에 고체, 액체, 기체가 모두 있는 건 할로겐 패밀리가 유일해요. 참고로 아스타틴 씨는 인공적으로 만들어진 원소라서 자연계에 거의 존재하지 않습니다.

9 F 플루오린 씨

다양한 원소와 반응해!

나랑 같이 화합물 만들자.

기본 데이터

- ◆ 상온에서 상태 : 기체
- ◆ 원자량 : 18.998403
- ◆ 밀도 : 0.001696g/㎤
- ◆ 녹는점 : -219.62℃
- ◆ 끓는점 : -188.14℃
- ◆ 발견 : 1886년

할로겐 패밀리

이런 성질이 있어!

플루오린 씨는 옅은 황록색 기체로 자극적인 냄새가 나요. 전체 원소 중에서 전자를 잡아당기는 힘이 가장 강해서 다른 원자의 전자를 끌어오려고 하기 때문에 쉽게 반응해요. 제논 씨(→p.83)처럼 다른 원소와 잘 반응하지 않는 비활성기체 패밀리와도 화합물을 만들어 낼 정도라니까요. 플루오린 씨가 반응하지 않는 원소는 헬륨 씨(→p.78)와 네온 씨(→p.80)뿐이에요.

플루오린 씨의 홑원소물질은 독성이 아주 강해요. 그래서 형석, 빙정석과 같은 광물에서 플루오린 씨의 홑원소물질을 분리하려다가 많은 사람이 죽었어요. 나쁜 녀석이죠.

반응하기 쉬운 플루오린 씨는 자연계에서는 홑원소물질로 존재하지 않는대.

이런 곳에서 일해!

플루오린 씨는 홑원소물질로는 반응성이 매우 높은데 화합물이 되면 반대로 매우 안정적이 됩니다.

플루오린 씨의 화합물로 우리가 자주 볼 수 있는 건 치약이에요. 플루오린화 소듐이라고 하는 플루오린 화합물은 치아를 튼튼하게 하는 효과가 있는 것으로 알려져 있어요. 또 표면을 플루오린 수지(불소수지)로 가공한 프라이팬이나 냄비는 열에 강하고 눌어붙지 않아서 조리 도구로 많이 쓰고 있어요.

플루오린 씨와 제(수소)가 결합한 플루오린화 수소를 물에 녹인 용액은 유리를 녹일 수 있어요. 그래서 유리에 눈금을 새기거나 유리공예를 할 때 쓰고 있어요.

이런 화합물을 만들어 내!

플루오린화 소듐

플루오린화 소듐은 충치 예방 효과가 있다고 알려진 플루오린 화합물이에요. 치약이나 가글용 구강 세정제에 들어 있어요. 플루오린화 소듐액은 치과에서 쓰기도 해요. 충치는 세균이 만들어 내는 산이 치아를 녹이면서 생기는 것인데 플루오린화 소듐은 치아 표면을 잘 녹지 않게 만들어요.

17 Cl 염소 씨

수영장 소독약으로 유명해!

> 물의 살균은 나에게 맡겨!

기본 데이터
- 상온에서 상태 : 기체
- 원자량 : 35.453
- 밀도 : 0.003214g/㎤
- 녹는점 : -100.98℃
- 끓는점 : -34.1℃
- 발견 : 1774년

난 이런 원소야!

황록색을 띤 기체인 염소 씨는 플루오린 씨(→p.70) 다음으로 다른 원소의 전자를 잡아당기는 힘이 강해요. 자연계에서는 홑원소물질로 존재하지 않고 늘 누군가와 붙어서 화합물이 돼요. 요리에 꼭 필요한 소금(염화소듐)은 염소 씨와 소듐 씨가 붙은 것이에요.

강한 살균력이 있어서 수도나 수영장의 물 소독에 쓰이지만 동시에 독성도 가지고 있어서 사용량이 정해져 있어요. 염소 씨의 화합물은 표백제로 쓰이는데 화장실 청소에 쓰는 산성 세제와 섞으면 맹독 염소 가스가 발생하므로 정말 주의해야 합니다.

35 Br 브로민 씨

할로겐 패밀리

강한 자극성 냄새가 난다!

"제 옛날 이름은 냄새가 나는 원소라는 뜻의 취소(臭素)였어요."

기본 데이터

- 상온에서 상태 : 액체
- 원자량 : 79.904
- 밀도 : 3.10g/㎤
- 녹는점 : -7.2℃
- 끓는점 : 58.78℃
- 발견 : 1826년

난 이런 원소야!

　브로민 씨의 특징은 상온에서 액체라는 점이에요. 원소 전체를 둘러봐도 이건 브로민 씨와 수은 씨 이렇게 2명밖에 없어요. 적갈색의 강렬한 냄새가 나는 액체로 유독합니다.
　염소 씨보다는 반응성이 약하지만 그래도 많은 원소와 화합물을 만들어 내요. 표백제나 플라스틱을 잘 안 타게 만드는 난연제로 쓰이지요.
　브로민 씨를 함유한 보라색 염료는 조개의 점액으로 만들어 내요. 옛날에는 보라색 염료가 구하기 매우 어려운 귀한 물건이었답니다.

73

53 I 아이오딘 씨

미역에 들어 있어!

제가 염증을 막아 드릴게요.

기본 데이터
- 상온에서 상태 : 고체
- 원자량 : 126.9045
- 밀도 : 4.93g/㎤
- 녹는점 : 113.5℃
- 끓는점 : 184.35℃
- 발견 : 1811년

난 이런 원소야!

아이오딘 씨는 어두운 자주색 고체예요. 미역과 같은 해조류에 많이 들어 있어요. 인체에 꼭 필요한 원소 중 하나인데 중독될 수 있어서 적당량이 중요해요.

세균이나 바이러스 등을 물리치는 살균 작용이 있어서 살균제나 소독제로 쓰이고 있어요. 그밖에 할로겐램프라 불리는 전구에 쓰이는데 이름처럼 할로겐 패밀리의 아이오딘 씨나 브로민 씨를 조금 첨가한 백열전구예요. 일반 전구보다 밝고 수명이 길어요.

아이오딘 씨도 역시 쉽게 반응을 일으킵니다.

85 At 아스타틴 씨

할로겐 패밀리

바로 변신해 버린다!

난 불안정하지만 뭔가 도움이 되고 싶어.

기본 데이터
- 상온에서 상태 : 고체
- 원자량 : 210
- 밀도 : 불명
- 녹는점 : 302℃
- 끓는점 : 337℃
- 발견 : 1940년

난 이런 원소야!

아스타틴 씨는 1940년 미국 캘리포니아 대학에서 인공적으로 만들어진 원소예요. 이름은 '불면증'이라는 의미인 그리스어에서 따왔어요. 아스타틴 씨는 방사선을 방출하면서 바로 다른 원소로 변신해 버리는데 짧게는 1분, 길어도 약 8시간 만에 변신해 버리는 매우 불안정한 원소예요. 자연계에는 거의 존재하지 않아요.

암을 치료하는 한 방법으로 방사선 치료가 있는데 방사능 성질을 가진 원소가 방출하는 방사선으로 암세포를 물리치는 치료입니다. 그래서 방사선을 방출하는 아스타틴 씨를 이 방사선 치료에 활용하는 연구가 진행되고 있어요.

비활성기체 패밀리

네온 씨 ⑩

헬륨 씨 ❷

아르곤 씨 ⑱

    비활성기체 패밀리는 가벼운 순서대로 헬륨 씨, 네온 씨, 아르곤 씨, 크립톤 씨, 제논 씨, 라돈 씨 이렇게 6명이에요. 이 패밀리는 서로 비슷한 점이 많고 패밀리 이름처럼 상온에서 모두 기체입니다.
    이들의 공통점 중 하나는 끓는점이 낮다는 것이에요. 특히 헬륨 씨는 액체로 만들려면 약 -269℃까지 냉각해야 해요. 패밀리에서 가장 끓는점이 높은 것은 라돈 씨인데 그마저도 약 -62℃랍니다.
    헬륨 씨는 전자껍질에 2개의 전자를, 그 외의 패밀리는 가장 바깥쪽 전자껍질에 8개의 전자를 가지고 있어요. 그 상태가 가장 안정된 상태라서 비활성기체 패밀리의 원소는 다른 원소로부터 전자를 받거나 반대로 전자를 주려고 하지 않아요. 홀로 있는 게 가장 편안해서 반응하려고 하지 않기 때문에 화합물

종류가 많지 않아요. 헬륨 씨와 네온 씨는 화합물이 발견된 것이 하나도 없습니다.
　이 패밀리는 모두 지구의 자연계에는 조금밖에 존재하지 않아요. 게다가 색도 없고 냄새도 나지 않아서 보기 힘든 원소들이에요. 이 패밀리는 원소 시티에서도 아주 고상하고 고귀한 패밀리라고 할 수 있어요.

^{2}He 헬륨 씨

가볍고 잘 타지 않는 기체!

난 혼자 둥둥 떠다니는 게 좋아!

기본 데이터

◆ 상온에서 상태 : 기체   ◆ 원자량 : 4.00260   ◆ 밀도 : 0.0001785g/㎤

◆ 녹는점 : -272.2℃   ◆ 끓는점 : -268.934℃   ◆ 발견 : 1868년

이런 성질이 있어!

　헬륨 씨는 색깔도 냄새도 없는 기체예요. 공기보다 가벼워서 모든 원소 중에서 저(수소) 다음으로 가벼워요. 우주 전체로 보면 저(수소) 다음으로 많이 존재하는데 지구 대기 중에는 많지 않아요. 가벼워서 둥둥 뜨기 때문에 우주까지 날아가 버리기 때문이죠. 비슷한 시기에 태어나서 저(수소)의 죽마고우라 할 수 있어요.
　대기 중에는 매우 적고 지각에 생성되는 천연가스에 함유되어 있어요. 그래서 헬륨 씨는 천연가스에서 뽑아낸답니다.
　헬륨 씨는 다른 원소에 별로 관심이 없고 혼자 있는 것을 정말 좋아해요. 그래서 다른 원소와 결합된 화합물이 발견되지 않았어요.

혼자 노는 걸 좋아하는 원소구나.

이런 곳에서 일해!

　저(수소) 다음으로 가벼운 헬륨 씨는 저와는 다르게 불에 타지 않기 때문에 풍선이나 비행선을 띄우는 가스로 쓰여요. 마시면 높은 목소리로 바꿔 주는 풍선 같은 걸 본 적이 있죠? 그건 헬륨 씨에 산소 씨를 섞어 놓은 것이에요. 헬륨 씨 자체는 무독하지만 헬륨 씨만 흡입하면 질식할 위험이 있기 때문이죠. 산소 씨와 섞은 가스는 산소 가스통에도 사용됩니다.
　끓는점이 모든 원소 중에서 가장 낮은 약 -269℃로, 액체 헬륨은 강력한 냉각제로 쓰여요. 의료용 MRI나 리니어모터카에 이용되는 초전도 전자석을 냉각시켜 전기저항을 줄이는 데도 사용됩니다.

원소 토막 지식
비활성기체의 화합물

비활성기체 패밀리는 반응성이 거의 없어서 화합물이 적어요. 하지만 그렇다고 전혀 없는 건 아니에요. 사실 제논 씨(→p.84)는 플루오린 씨나 산소 씨와의 화합물이 꽤 있어요. 또 크립톤 씨와 라돈 씨의 화합물도 있어요. 아르곤 씨(→p.82)의 화합물인 아르곤 플루오린화 수소화합물은 2000년에 발견되었어요. 상당히 최근에 발견되었죠. 하지만 아쉽게도 헬륨 씨와 네온 씨의 화합물은 아직까지 발견되지 않았어요. 어디에 숨어 있는 걸까요?

10 Ne 네온 씨

네온사인이 된다!

내가 내는 빛은 분위기 최고!

기본 데이터

- 상온에서 상태 : 기체
- 원자량 : 20.179
- 밀도 : 0.0009002g/㎤
- 녹는점 : -248.67℃
- 끓는점 : -246.048℃
- 발견 : 1898년

이런 성질이 있어!

네온 씨는 색과 냄새가 없는 기체로 대기 중에 아주 조금 존재해요. 그래서 네온 씨를 사용하려면 공기를 액체로 만들어서 추출해야 해요.

다른 원소와 잘 반응하지 않는 비활성기체 패밀리 중에서도 특히 헬륨 씨와 네온 씨는 반응성이 없어요. 그래서 화합물이 아직 발견되지 않았답니다.

기체에서 액체로 변할 때 부피가 확 줄어드는 것도 특징 중 하나예요. 일반적으로 기체에서 액체가 될 때 부피는 $\frac{1}{500} \sim \frac{1}{800}$ 정도가 되는데 네온 씨의 경우는 $\frac{1}{1400}$이나 됩니다. 그래서 액체로 만들면 차지하는 공간이 줄어들면서 옮기기 쉬워져요.

그리스어로 '새로운'이라는 뜻의 '네오스'가 이름의 유래야.

이런 곳에서 일해!

네온 씨의 활약 장소로 떠오르는 건 네온사인일 거예요. 유리관에 조금 넣어서 전압을 가하면 불그름한 빛이 나요.

이 현상은 네온 씨 외에도 헬륨 씨나 아르곤 씨 등 여러 원소에서 일어나요. 유리관 속 원소에 따라 색이 달라지므로 조합하면 여러 색을 낼 수 있어요. 전력 소모가 적어서 광고용 간판 등에 쓰이고 있어요. 굉장히 분위기 있는 빛을 냅니다.

헬륨 씨와 섞은 가스는 레이저빔을 발사하므로 바코드를 판독하는 장치 등에 쓰인 적도 있어요. 요즘엔 반도체를 이용한 레이저가 더 많이 쓰이고 있답니다.

원소 토막 지식

네온사인의 색

네온 씨를 넣은 전극이 달린 유리관을 '네온관'이라고 해요. 이때 쓰이는 가스는 네온 씨뿐만이 아닙니다. 헬륨 씨를 넣으면 노란색, 아르곤 씨를 넣으면 빨간색~파란색이 돼요. 그 밖에도 크립톤 씨는 황록색, 제논 씨는 파란색~초록색 빛을 내요. 비활성기체 패밀리 이외의 원소를 넣기도 하는데 수은 씨는 청록색, 질소 씨는 황색 빛을 내요. 이들 원소들을 조합해서 여러 색깔의 빛을 나타낼 수 있어요.

18 Ar 아르곤 씨

산화하는 걸 방지해!

난 게으름뱅이가 아니야.

기본 데이터
- 상온에서 상태 : 기체
- 원자량 : 39.948
- 밀도 : 0.00017834g/㎤
- 녹는점 : -189.2℃
- 끓는점 : -185.86℃
- 발견 : 1894년

난 이런 원소야!

아르곤 씨는 대기 중에 0.93% 들어 있어요. 적은 양 같지만 사실은 대기 중에서 질소 씨, 산소 씨 다음으로 많은 기체랍니다. 공기보다 무겁고 색과 냄새가 없어요. 잘 반응하지 않으므로 화합물도 거의 없어요.

이름의 유래는 그리스어로 '게으름뱅이'라는 의미지만 아르곤 씨는 백열전구나 형광등에서 열심히 활약하고 있어요. 백열전구의 필라멘트를 보호하고 형광등의 빛을 안정시키죠.

또한 산소 씨와 반응하지 않으므로 용접 작업의 금속이나 와인의 산화를 방지하는 등 여러 분야에서 부지런히 일하고 있어요.

36 Kr 크립톤 씨

비활성기체 패밀리

열을 잘 전달하지 않는다!

난 전구를 지키는 슈퍼맨이야.

기본 데이터
- 상온에서 상태 : 기체
- 원자량 : 83.798
- 밀도 : 0.003733g/㎤
- 녹는점 : -156.6℃
- 끓는점 : -153.35℃
- 발견 : 1898년

난 이런 원소야!

크립톤 씨는 색과 냄새가 없고 대기 중에 0.000114%밖에 없는 기체예요.

아르곤 씨 대신에 크립톤 씨를 넣은 전구를 '크립톤 전구'라고 하는데 보통 전구보다 밝고 수명이 오래가요. 크립톤 씨에 높은 전압을 가하면 청백색 빛을 내는데 카메라의 스트로보(순간광원)에 쓰이고 있어요.

두 장의 유리 사이에 크립톤 씨를 넣은 창문은 우수한 단열성으로 평판이 자자해요. 크립톤 씨는 열을 잘 전달하지 않는 성질이 있기 때문입니다.

참고로 슈퍼맨의 고향이 '크립톤성'이라고 하네요.

54 Xe 제논 씨

존재량이 몹시 적다!

> 내 빛은 자연광에 가까워.

기본 데이터
- ◆ 상온에서 상태 : 기체
- ◆ 원자량 : 131.293
- ◆ 밀도 : 0.005887g/㎤
- ◆ 녹는점 : -111.9℃
- ◆ 끓는점 : -108℃
- ◆ 발견 : 1898년

난 이런 원소야!

제논 씨는 대기 중에 0.0000087%밖에 없는 빛깔과 색이 없는 기체예요.

제논 씨에 전압을 가해서 발광시키는 제논 램프는 수명이 오래가요. 게다가 사용 전력이 적고 태양광과 비슷한 밝은 빛을 내기 때문에 전동차나 자동차 헤드라이트, 스트로보 등에 쓰이고 있어요.

제논 씨는 우주에서도 크게 활약하고 있어요. 이온엔진을 이용해 소행성 탐사기가 우주 비행을 하기도 했는데 이 엔진은 이온화된 가스의 전기 힘으로 전진했어요. 이때의 가스가 바로 제논 씨였어요. 이온엔진은 연비가 굉장히 좋아요.

86 Rn 라돈 씨

비활성기체 패밀리

방사성 온천 성분!

내가 있는 온천으로 놀러 오세요.

기본 데이터
- 상온에서 상태 : 기체
- 원자량 : 222
- 밀도 : 0.00973g/㎤
- 녹는점 : -71℃
- 끓는점 : -61.8℃
- 발견 : 1900년

난 이런 원소야!

　라돈 씨는 방사능을 가진 기체예요. 기체 중에서는 가장 무거운 원소지요.
　퀴리 부부는 라듐 씨(→p.27)와 닿은 공기가 방사능을 가진다는 사실을 밝혀냈는데 사실은 그 공기의 정체가 바로 라돈 씨였어요. 라듐 씨가 붕괴되고 라돈 씨로 변신한 것이죠. 라돈 씨의 이름은 라듐 씨에서 따온 것이에요.

　라돈 씨나 헬륨 씨는 지하수나 천연가스 중에 들어 있어요. 라돈 씨는 온천에 용출되기도 하는데 일정량 이상이 들어 있는 온천을 '라돈 온천' 혹은 '라듐 온천'이라고 불러요.

전이금속 패밀리

금 씨 79

전이금속 패밀리에 속한 멤버는 매우 많아요. 금 씨, 은 씨, 구리 씨와 철 씨처럼 우리에게 친숙한 것들부터 몰리브데넘 씨나 오스뮴 씨처럼 그 이름이 낯선 것까지 모두 34명이나 된답니다. 란타노이드 패밀리나 악티노이드 패밀리의 원소들도 같은 패밀리인데 뒤에서 따로 소개하겠습니다.

이 패밀리의 원소들은 이름 그대로 전부 금속광택이 나고 색이 있는 금속이에요. 물론 개인차는 있지만 전기가 잘 통하고 열도 잘 전달해요. 금속 원자끼리 연결되면 각 원자의 전자껍질이 겹쳐진 상태가 되어 전자가 이리저리 자유롭게 다닐 수 있게 되는데 이러한 전자를 '자유전자'라고 해요. 이 자유전자 덕분에 전기가 잘 통하는 것이죠. 금속에 광택이 있는 것도 자유전자 때문이에요. 바깥에서 들어온 빛

을 자유전자가 반사시키거든요. 금속은 얇게 펴거나 가늘고 길게 늘릴 수 있는데 이는 원자들의 배열이 바뀌어도 전자가 자유롭게 이동할 수 있어서 가능한 것이랍니다.

이러한 성질 덕분에 전이금속 패밀리의 원소들은 공업이나 전기 산업에서 크게 활약하고 있습니다. 그래서 이들은 원소 시티를 지탱하는 산업 일꾼 패밀리라 할 수 있어요.

79 Au 금 씨

> 저는 전자 산업에서도 활약 중이에요.

옛날부터 사랑 받아 온 황금 원소!

기본 데이터

- ◆ 상온에서 상태 : 고체
- ◆ 원자량 : 196.9665
- ◆ 밀도 : 19.32g/㎤
- ◆ 녹는점 : 1064.43℃
- ◆ 끓는점 : 2800℃
- ◆ 발견 : 연대 미상

난 이런 원소야!

　금 씨는 이름 그대로 금색으로 빛나는 금속이에요. 그 아름다운 광택 때문에 예로부터 장식품에 사용되어 왔어요.

　금 씨는 다른 원소와 잘 반응하지 않는 성질을 가지고 있어서 잘 부식되지 않아요. 게다가 부드러워서 가공하기 쉬워요. 얇게 가공한 금박을 보면 쉽게 알 수 있죠. 계속 때려서 늘리면 0.0001mm까지 얇게 펼 수 있다고 해요. 전기와 열을 잘 전달하는 성질도 있습니다.

　이러한 성질 때문에 금 씨는 장식품뿐만 아니라 전자 제품에서도 활약하고 있습니다. 금 도금이 컴퓨터와 같은 전자 부품에 쓰이고 있어요.

47 Ag 은 씨

빛을 가장 잘 반사하는 원소!

기본 데이터
- 상온에서 상태 : 고체
- 원자량 : 107.8682
- 밀도 : 10.50g/㎤
- 녹는점 : 961.93℃
- 끓는점 : 2210℃
- 발견 : 연대 미상

전이금속 패밀리

난 이런 원소야!

은 씨는 은색 금속광택을 지닌 금속이에요. 장식품이나 식기로 사용되어 왔어요.

모든 금속 중에 전기와 열을 가장 잘 통과시키는 성질을 가지고 있어요. 금 씨와는 다르게 반응하기 쉽지요. 은 씨는 세균을 죽이고 냄새를 없애는 효과도 가지고 있어요.

29 Cu 구리 씨

가장 옛날부터 써 온 금속!

기본 데이터
- 상온에서 상태 : 고체
- 원자량 : 63.546
- 밀도 : 8.96g/㎤
- 녹는점 : 1083.4℃
- 끓는점 : 2570℃
- 발견 : 연대 미상

난 이런 원소야!

구리 씨는 붉은 금속광택을 지닌 금속이에요. 은 씨 다음으로 전기와 열을 잘 통과시켜요. 은 씨보다 가격이 저렴해서 전선 등으로 자주 쓰이고 있어요.

가장 옛날부터 써 온 금속으로 예나 지금이나 합금에 많이 쓰고 있어요.

란타노이드 패밀리

란타넘 씨 57
세륨 씨 58
프라세오디뮴 씨 59
가돌리늄 씨 64
터븀 씨 65
디스프로슘 씨 66
홀뮴 씨 67

    란타노이드 패밀리는 란타넘 씨부터 루테튬 씨까지 15명의 원소가 있어요. 란타노이드는 란타넘 씨 이름에서 유래된 말입니다.

    란타노이드 패밀리는 전이금속 패밀리의 동료인데 그중에서도 특히 성질이 비슷한 원소가 모인 패밀리예요. 모두 은백색 금속으로 산소 씨와 잘 결합해요. 자석이 되기 쉽다는 공통된 성질을 가지고 있어요.

    이 패밀리는 '희토류'라고도 불려요. 각 원소의 이름은 생소하겠지만 세상에서 상당한 역할을 하고 있는 것들이 많아요.

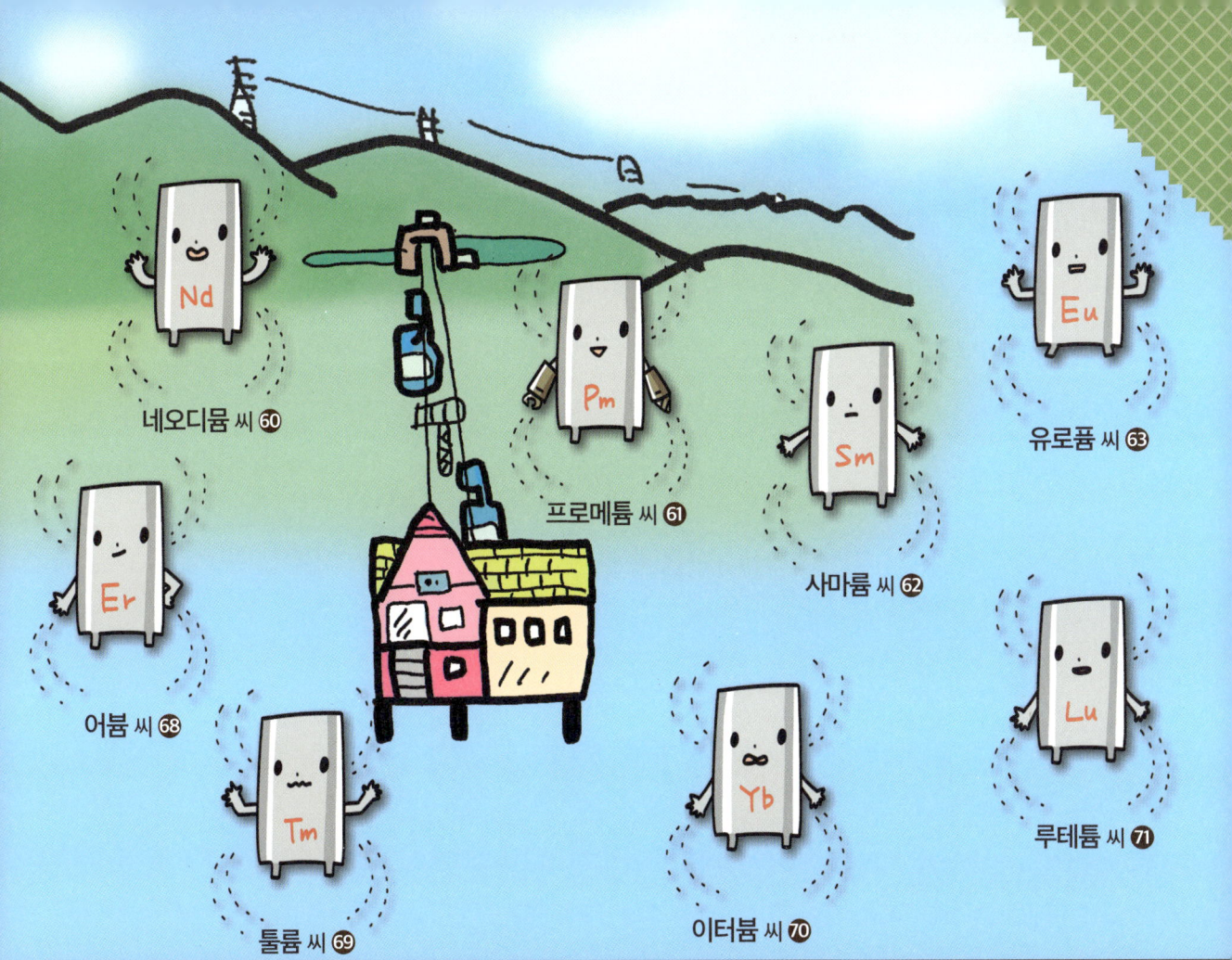

예를 들어 네오디뮴 씨나 사마륨 씨는 매우 강력한 자석의 재료로 유명해요. 특히 네오디뮴 씨를 사용한 자석은 최강의 자력을 지니고 있어요. 란타넘 씨는 망원경 등의 렌즈 성능을 높이는 데 쓰이고 있고 디스프로슘 씨는 비상구의 표식 등 야광도료로 쓰이고 있어요. 인터넷으로 정보를 전달하는 데 필요한 광섬유에는 어븀 씨와 툴륨 씨가 쓰이고 있어요.

참고로 전이금속 패밀리의 스칸듐 씨와 이트륨 씨까지 포함해서 희토류는 모두 17명입니다.

악티노이드
패밀리

악티늄 씨 79 토륨 씨 90 프로트악티늄 씨 91

퀴륨 씨 96 버클륨 씨 97 캘리포늄 씨 98 아인슈타이늄 씨 99

　악티노이드 패밀리에는 악티늄 씨를 비롯한 15명의 원소들이 있어요. 악티노이드라는 이름은 악티늄 씨에서 유래된 이름이에요.
　악티노이드 패밀리는 전이금속 패밀리의 동료로, 란타노이드 패밀리와 마찬가지로 특히 성질이 비슷한 원소들이 모인 패밀리에요. 모두 방사능을 가지고 있고 그중에서도 우라늄 씨와 플루토늄 씨는 방사선을 발생하는 시간이 길어요.
　우라늄 씨와 플루토늄 씨는 원자력발전 등과 관련된 뉴스에 자주 등장해서 많이 들어 본 적이 있을 거예요. 우라늄 씨는 원자력발전소에서 핵연료로 사용되고 있어요. 플루토늄 씨 또한 핵연료로 쓰이는 한

편 원자력전지의 재료로도 쓰이고 있어요. 안타깝게도 이 2명은 원자력 폭탄으로 쓰이기도 했습니다.

악티늄 씨, 토륨 씨, 프로트악티늄 씨, 우라늄 씨 이렇게 4명은 자연계에도 존재하지만 그 외의 다른 원소들은 모두 인공적으로 만들어 낸 원소들이에요. 단, 넵투늄 씨와 플루토늄 씨는 자연에도 아주 조금 존재하고 있다고 합니다. 우라늄 씨보다 무겁고 인공적으로 만들어진 원소들을 '초우라늄 원소'라 부르기도 해요. 초우라늄 원소들은 자연계에 거의 존재하지 않으므로 성질 등에 대해 알려진 것이 별로 없습니다.

니호늄 패밀리

코페르니슘 씨 112의 집

니호늄 씨 113

이 패밀리는 최근에 발견된 원소들이에요. 2010년에 인정된 112번 원소 코페르니슘 씨, 2012년에 인정된 114번 원소 플레로븀 씨와 116번 원소 리버모륨 씨 이렇게 3명이 먼저 원소 시티로 이사를 왔어요. 니호늄 씨는 113번 원소로 일본에서 처음으로 발견된 원소예요. 니호늄 씨는 아연 씨와 비스무트 씨를 여러 차례 충돌시켜야 겨우 만들 수 있는데 자세한 성질에 대해서는 아직 알려진 것이 없어요.

니호늄씨처럼 원소 시티로 이사를 오게 된 원소가 3명 더 있어요. 러시아의 수도 모스크바에서 이름을 딴 115번 원소 모스코븀 씨와 미국 테네시 주에서 따온 117번 원소 테네신 씨예요. 118번 원소는 러

시아 물리학자 유리 오가네시안의 이름을 따서 오가네손이라고 붙였어요.
이들 모두 원소 시티의 주민이 되어 어떤 활약을 펼칠지 저도 매우 기대하고 있답니다.

참고 문헌

《원소의 모든 것을 알 수 있는 도감》 나츠메샤
《원소 111의 신지식》 고단샤
《세상에서 제일 즐거운 원소도감》 엑스날리지
《잘 이해되는 원소도감》 PHP겐큐쇼
《원소를 알면 화학이 보인다》 베레출판
《최신도해 원소의 모든 것을 알 수 있는 책》 나츠메샤
《원소가 보이는 사전》 PHP겐큐쇼
《눈으로 보는 원소의 세계》 세이분도신코샤
《원소 사전》 아사쿠라쇼텐
《화학사전》 도쿄가가쿠도진

지식이 담뿍담뿍 02

모여라 원소 시티로!

초판 1쇄 펴낸 날 | 2020년 6월 15일
초판 2쇄 펴낸 날 | 2021년 9월 13일

감수 미야무라 가즈오 | **그림** 호리타 미와 | **옮김** 오승민
펴낸이 이종미 | **펴낸 곳** 담푸스 | **대표** 이형도 | **등록** 제395-2008-00024호
주소 경기도 파주시 회동길 363-8, 304호
전화 031)919-8510(편집) 031)907-8512(마케팅)
팩스 070)4275-0875
메일 dhampus@dhampus.com | **홈페이지** http://dhampus.com | **인스타그램** @dhampus_book
편집 김현정 | **마케팅** 최민용, 선혜경 | **경영지원** 김지선 | **디자인** 박정현

담푸스 홈페이지에서 독후활동지를 다운 받으실 수 있습니다.

ISBN : 979-11-90024-05-1   73430

이 도서의 국립중앙도서관 출판예정도서목록(CIP)은 서지정보유통지원시스템 홈페이지(http://seoji.nl.go.kr)와

GENSO CITY E GO!
Supervised by Kazuo Miyamura
Illustrated by Miwa Horita
Copyright ⓒ 2016 g. Grape Co., Ltd.
All rights reserved.
Original Japanese edition published by JITSUMUKYOIKU-SHUPPAN Co., Ltd.
Korean translation copyright ⓒ 2020 by Dhampus
This Korean edition published by arrangement with JITSUMUKYOIKU-SHUPPAN Co., Ltd.,
Tokyo, through HonnoKizuna, Inc., Tokyo, and EntersKorea Co., Ltd.

이 책의 한국어판 저작권은 ㈜엔터스코리아를 통해 저작권자와 독점 계약한 담푸스에 있습니다.
저작권법에 의하여 한국 내에서 보호를 받는 저작물이므로 무단전재와 무단복제를 금합니다.